이어령의 교과서 넘나들기

콘텐츠 크리에이터 **이어령** | 글 **이수석** | 그림 **백철** | 기획 **손영운**

철학편 **8** 세계를 이해하는 지혜의 눈

살림

생각을 넘나들며 다양한 지식을 익히는 융합형 인재가 되세요!

우리는 지난 몇 년간 엄청난 변화를 겪었습니다. 과학기술과 정보통신기술의 비약적인 발전으로 인해 지난 시절 몇 세기에 걸쳐 누적된 삶의 변동보다 훨씬 더 크고 빠른 변화를 경험해야 했던 것이지요. 스마트폰 같은 디지털 기기들과 트위터, 페이스북 같은 소셜 네트워크 서비스들은 불과 1~2개월의 시간 동안 우리 삶의 방식을 일순간에 바꾸어 놓았습니다. 당연히 지난 시절에 유용했던 생각과 지식 역시 크게 달라질 수밖에 없습니다. 이럴 때 우리 아이들은 미래를 위해 무엇을 준비하고 공부해야 할까요?

저는 이런 이야기를 좋아합니다. 옛날 어떤 사람이 우연히 산속에서 신선을 만났습니다. 신선에게 소원을 말하면 들어준다는 말에 그 사람은 신선을 붙들고 놓아 주지 않았지요. 그리고 신선에게 말했습니다. "저기 저 바위를 황금으로 바꿔 주세요." 다급해진 신선이 지팡이를 휘둘러 커다란 바위를 황금으로 바꾸어 주었습니다. "이제 놓아다오." 그때 그 사람이 눈을 반짝이며 말했습니다. "소원이 바뀌었어요. 그 지팡이를 제게 주세요."

이 이야기는 단순히 고기 잡는 방법을 가르쳐야 한다는 말이 아닙니다. '황금'이라는 창조물에서 황금을 창조하는 '방법'으로 생각을 이동시킬 수 있는 능력이 중요하다는 말입니다. 우리 아이들이 주역이 될 미래는 다양한 방면으로 바라보고 가로지르고 융합할 수 있는 '생각의 능력'이 더없이 중요해지는 시대입니다.

콜럼버스의 일화를 소개할까요. 콜럼버스가 신대륙에 상륙했을 때 어딘가에서 새소리가 들렸습니다. 콜럼버스는 그 새소리를 종달새 소리라고 적었지만, 나중에 밝혀진 바로는 그곳에 종달새는 살지 않았답니다. 콜럼버스는 자신이 알고 있는 지식에 묶여 새(bird) 소리를 새(new) 소리로 듣지 못했던 것입니다. 이런 관습적인 사고가 과거의 생각 방식이었다면 이제 중요해지는 것은 '순환적인 사고'와 '양면적인 사고', 서로 다른 분야를 함께 생각할 수 있는 '복합적인 사고'입니다.

다행히 우리 민족은 이미 오래전부터 이런 사고방식을 부지불식간에 사용하고 있었습니다. 언어적으로 봐도 서양은 한쪽 면만 표현하는 반면 우리는 항상 양면성을 고려했습니다. 고층건물에 있는 '엘리베이터'. 그 뜻을 해석하면 이상합니다. '오르는 기계'라는 뜻이니까요. 우리는 '승강기'라고 씁니다. '오르내리는 기계'라는 뜻이지요. '열고 닫는다'는 뜻의 '여닫이', 나가고 들어온다는 뜻의 '나들이', 이런 어휘들에는 양면적인 사고가 잘 반영되어 있습니다.

순환적 사고란 무엇일까요. 가위바위보에서 '가위'의 의미에 주목해 보도록 하지요. 바위와 보만 있는 세계는 항상 결과가 자명한 세계입니다. 모두 오므리거나 모두 편 것, 이것 아니면 저것만 있는 세계에서는 다양함이 나올 수 없습니다. 그러나 '가위'가 있어서 가위바위보는 예측 불가능한 결과를 가져올 수 있는 다양성을 갖게 됩니다. 우리는 바로 그 '가위'와 같은 것을 상상해 내고 생각할 줄 알아야 합니다.

그러자면 서로 다른 분야를 넘나들면서 다양한 지식을 융합적이고 통섭적으로 습득해야 합니다. 쓰고 남은 천들은 버려지는 것이 아니라 조각보로 훌륭하게 다시 만들어질 수 있고, 배추 쓰레기가 '시래기'라는 웰빙음식으로 재탄생할 수 있게 만드는 지식의 습득과 활용이 필요합니다.

그렇게 자라난 우리 아이들은 과거와는 다르게 모두가 1등이 될 수 있는 사회에서 풍요로운 삶을 살 수 있을 것입니다. 저는 늘 이렇게 말합니다. "남다른 생각과 지식을 가지고 360도 방향으로 제각기 뛰어나가 그 분야에서 1등이 되어라. 옛날처럼 성적순으로 1등부터 꼴찌까지 줄 세우는 시절이 아니다. 그렇게 저마다의 소질과 생각에 맞는 분야에서 1등이 되어 손 맞잡고 강강술래를 돌아라. 그런 아름다운 세상에서 살아라."라고 말이지요.

스티브 잡스는 스탠퍼드 대학교의 엘리트들에게 이렇게 말했습니다. "Stay hungry, stay foolish!" 졸업하면 성공이 보장된 인재들에게, 그리고 최고의 지성으로 무장한 졸업생들에게 '항상 바보 같아라'라고 말한 것은 어떤 의미일까요. 기존의 지식으로 무장한 사람일수록 세상을 바꿀 뛰어난 생각은 바보같이 느껴진다는 의미가 아닐까요. 현재의 관점에서 불가능할 것 같고 황당하고 쓰임새가 없어 보이는 상상 속에 우리가 예측하지 못했던 엄청난 혁신과 가치가 숨어 있다는 것을 스티브 잡스는 말하고 싶었던 겁니다.

〈이어령의 교과서 넘나들기〉가 우리 젊은 학생들이 그런 행복한 미래(future)에 대한 비전(vision)을 갖는 데 꼭 필요한 융합형(fusion) 교양 지식을 익히고 생각의 넘나들기를 익힐 수 있는 좋은 계기가 되기를 바랍니다.

이어령

지식 대융합 시대의 창조적 교양인을 꿈꾸는 여러분께

현대 사회는 'T자형 인간'을 요구한다고 합니다. 'T자형 인간'이란 자기 분야는 물론이고, 다른 분야에도 깊은 이해가 있는 종합적인 사고 능력을 가진 사람을 일컫는 말입니다. 'T'자에서 '—'는 횡적으로 많이 아는 것을, 'I'는 종적으로 한 분야를 깊이 아는 것을 의미하지요.

왜 현대 사회는 T자형 인간을 원할까요? 그 이유는 21세기가 '지식 대융합의 사회'를 지향하고 있기 때문입니다. 현대는 하루가 다르게 새로운 개념의 첨단 전자 제품이 나오고, 그것이 우리의 지식 정보 전달 시스템을 통째로 바꾸고, 그 결과 문명의 방향이 달라지는 시대입니다. 이 변화무쌍한 현실을 이해하고 이끌어 나갈 수 있는 힘은 오로지 창조적이고 통합적인 상상력과 직관을 가진 'T자형 인간'으로부터 생산되기 때문입니다.

하지만 우리의 현실을 보면 앞이 아득합니다. 'T자형 인간'이 되어 21세기 대한민국을 이끌고 나가야 할 청소년들은 빡빡한 학교 수업과 학원 일정에 쫓겨 다람쥐 통의 다람쥐처럼 제자리 돌기만 하고 있습니다. 학교와 교과서를 통해 배운 지식을 단순히 입시 수단으로만 여기고 있습니다. 학교에서 배운 지식을 다른 지식과 잘 연결하고 융합시켜 지적 능력을 키우는 일에는 관심 밖입니다.

〈이어령의 교과서 넘나들기〉 시리즈는 안타까운 우리 청소년들의 지적 현실을 타개하기 위해 만든 책입니다. '5천 년 인류 문명이 이룩한 모든 교양을 만화로 읽는다.'는 생각으로 만화가 가지는 유머와 재미라는 틀 안에 그동안 인류가 축적한 다양한 지식을 담았습니다. 단순히 한 가지 학문만을 다루는 것이 아니라 다양한 학문이 통합된 융합형 교양 지식을 담아 청소년들이 현대 사회를 창조적으로 살아갈 수 있는 능력을 기를 수 있도록 만들었습니다.

인류 문명의 토대가 되는 지식을 담은 재미있고 명쾌하지만 결코 가볍지 않은 멋진 만화책들이 차례로 독자들 앞으로 찾아갈 것입니다. 우리 청소년들이 이 책들을 읽고 '지식의 대융합 시대'를 선도하는 'T자형 인간'을 꿈꾸는 모습을 보기를 간절히 소망합니다.

기획 **손영운**

가르침과 배움의 길은 언제나 즐겁습니다

한 사람의 열 걸음보다는 열 사람의 한 걸음이 좋을 때가 많습니다. 이번 〈이어령의 교과서 넘나들기 시리즈〉 철학편의 글을 쓰면서 더욱 느꼈습니다. 주변의 여러분들이 저의 스승이었고 선생님이셨습니다.

한자어가 많은 철학이란 학문을 아이들에게 쉽고도 재밌게 표현할 수 있는 방법을 찾다가, 학문 간의 융합과 통합을 모색하게 되었습니다. 그리하여 같은 학교에 근무하는 한문의 현희문 선생님께 자문을 구하였습니다. 많은 동양의 고사성어는 선생님의 덕분으로 적절하게 사용할 수 있었습니다. 그리고 미술의 현용안 선생님은, 저에게 젊은 교사(?)답게 신선한 아이디어와 새롭게 해석할 수 있는 발상의 전환을 주었습니다.

인생은 언제나 배우고 익혀야 할 한 권의 책이고, 세상은 공부할 것이 너무나 많은 커다란 학교입니다. 만화 작가인 백철 선생님과 그 모든 인연에게 감사드리며 줄입니다.

글 이수석

나는 철학을 하는 사람일까요?

철학은 생각하기에서 출발합니다. 철학은 일상생활에서 느끼는 생각, 즉 감상과는 다릅니다. 감상은 일관되지 않고, 혼잡한 생각입니다. 그와 달리 철학은 체계적이고 보편적인 생각입니다. 세상의 이치를 풀 수 있는 체계적이고 보편적인 원리를 찾아내는 것이 철학입니다.

철학을 공부한다는 것은 올바른 세계관을 갖게 된다는 것입니다. 세계관이 중요한 것은 사람들은 세계관에 따라 행동하기 때문입니다. 예를 들어 미신을 숭배하는 사람은 초자연적인 힘을 빌려 문제를 해결하려 합니다. 그의 세계관으로는 세계의 문제를 해결할 수 없겠죠. 근본적인 의문을 풀 수 있는 체계적인 생각이 필요합니다. 그것이 철학입니다. 세상은 왜 끊임없이 변화하는지, 여러분들도 생각하며, 알아가며, 큰 생각을 품어 내가 사는 세계 전체를 볼 수 있는 큰 사람이 되기를 바랍니다.

그림 백철

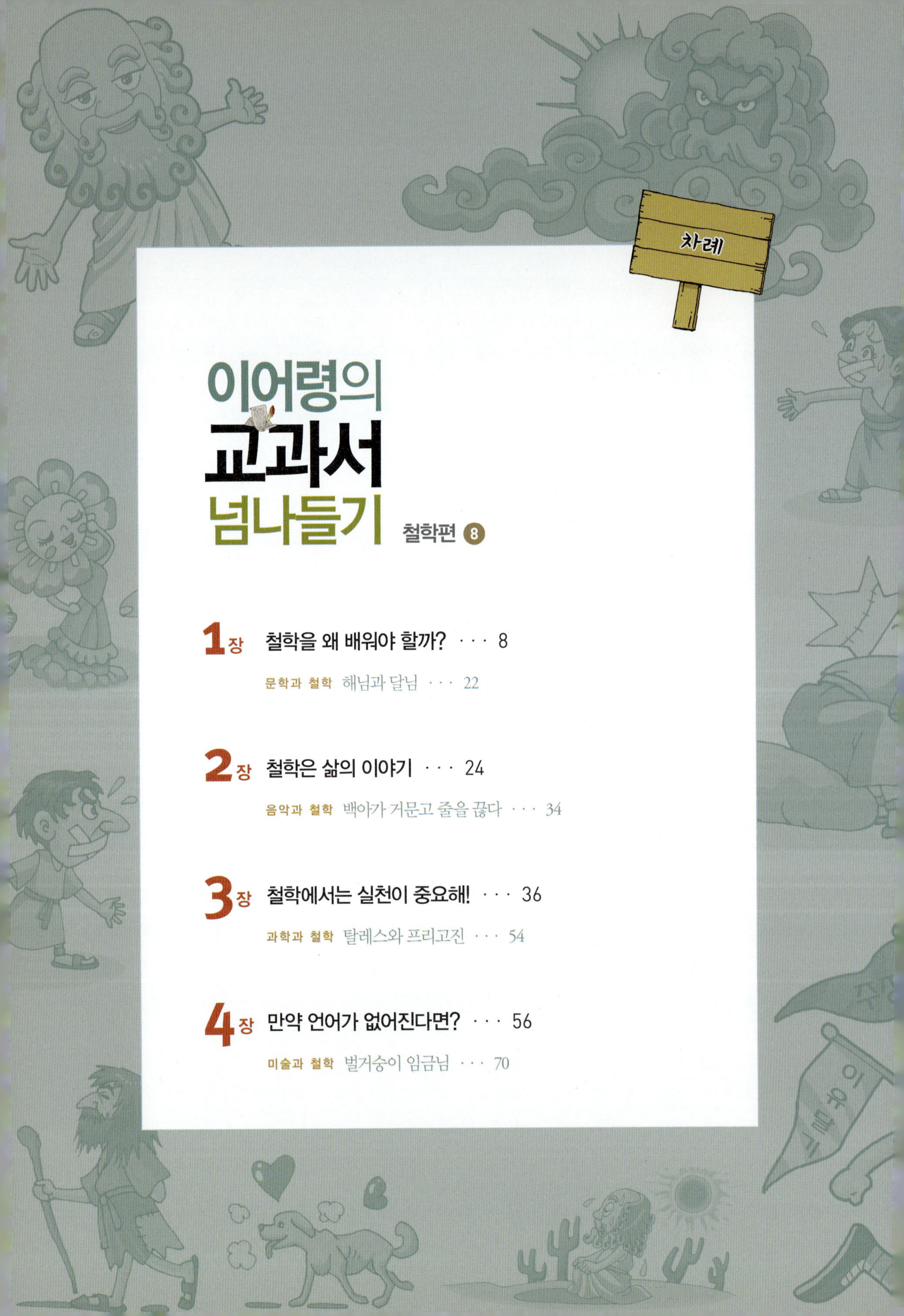

이어령의 교과서 넘나들기

철학편 8

1장
철학을 왜 배워야 할까?

일반적으로 철학은 인생관과 세계관을 탐구하는 학문이야.
무엇을 하며 어떻게 살 것인지를 결정하는
인생관과,

이 세계는 무엇으로 이루어져 있으며

그 속에서 나는 어떤 존재인지를
고민하는 세계관에 대한
학문이지.

인간은 생각을 통해 문명의 발전을
이루어 왔는데,
……

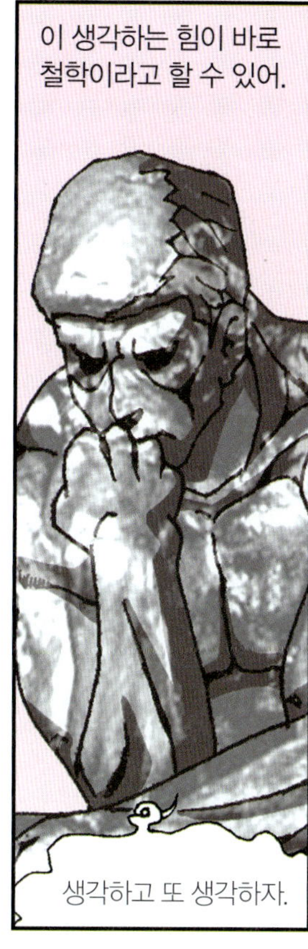

이 생각하는 힘이 바로
철학이라고 할 수 있어.
생각하고 또 생각하자.

하지만 생각을 하되 좀 더 근원적으로 넓게 생각하는 것이지.
철학

철학을 영어로는 '필로소피(philosophy)'라고 하는데,

'사랑하다'라는 뜻의 '필로(philos)'와 '지혜'라는 뜻의 '소피아(sophia)'가 합쳐진 그리스어 '필로소피아'에서 유래된 말이야.

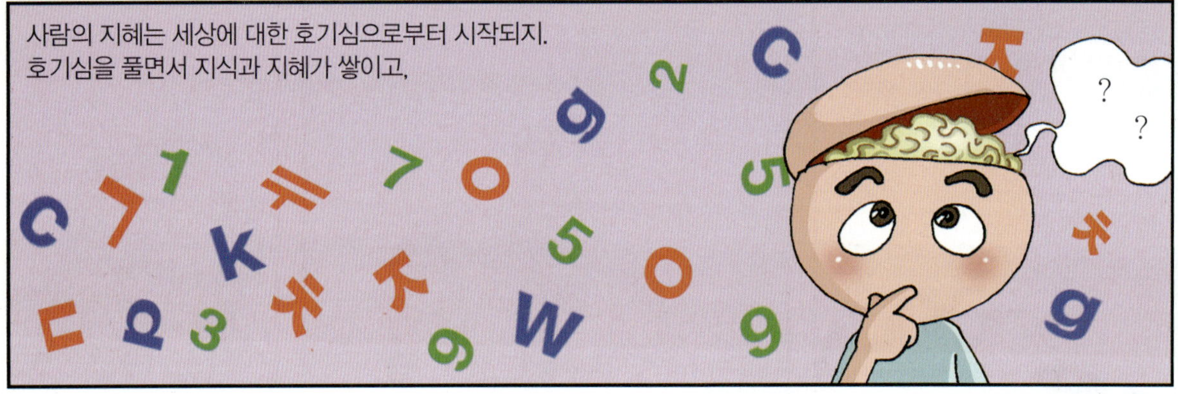

사람의 지혜는 세상에 대한 호기심으로부터 시작되지. 호기심을 풀면서 지식과 지혜가 쌓이고,

문자를 통해 그 지식과 지혜가 폭발적으로 증가하게 되는데,

이 모든 지식은 인간의 생각하는 힘인 '철학'을 통해 이루어진 거야.

우주는 자기가 무엇이며, 얼마나 강한지를 알지 못하지만,

파스칼(Blaise Pascal, 1623년~1662년)

철학은 우리에게 수많은 질문을 던지는 학문이야.
'세상은 어떻게 시작되었을까?'
'신은 있는가?'와 같은 질문들이지.

사람들은 철학적 질문에 대한 답을 풀어가는 과정에서 수학과 과학, 천문학 등의 학문을 발전시켰어.

하지만 철학을 제외한 그 어떤 학문도 삶의 근원적인 물음에 대해서 답하고 있지 않아.
왜?
왜?
왜?

오직 철학만이 이와 같은 물음에 대한 답을 추구하지.
철학

그렇다면 철학을 왜 배워야 하는지 알아보자.

철학을 하면 우리가 무엇을 얻을 수 있을까?

크게 다섯 가지로 정리할 수 있어.
철학

첫째, 철학을 하면 보다 진지하게 살 수 있어.
'나는 왜 다른 사람들의 고통을 함께 해야 할까?'
……

'혼자만 잘 먹고 잘 살면 안 되는 걸까?'
1000
1000
1000
1000

'죽음 뒤에는 과연 무엇이 있을까?' 등의
질문과 해답을 찾아가지.

둘째, 철학을 하면 문제점을 명확히 알고,
보다 나은 판단을 내릴 수 있어.
첫.
저쪽으로
가다니
약았군.

진실과 거짓, 중요한 것과 사소한 것, 정의와 부정의를 구별할 수 있지.
?

그래서 철학은 문제 해결 능력이 매우 뛰어난 학문이야.

셋째, 철학을 하면 각종 거짓과 오류에서 벗어날 수 있어.
거짓과 오류

잘못된 것을 옳다고 주장하거나 사소한 것에 만족해 버리는 태도를 버릴 수 있지.

넷째, 자신이 이루고자 하는 삶을 어떻게 추구할 것인지에 대한 대답을 찾을 수 있어.
삶
철학

다섯째, 철학은 행동하게 해 줘. 생각이 바뀌면 행동이 변하고 행동이 변하면 인생이 달라지겠지?
열공

마르크스(Karl Heinrich Marx, 1818년~1883년)

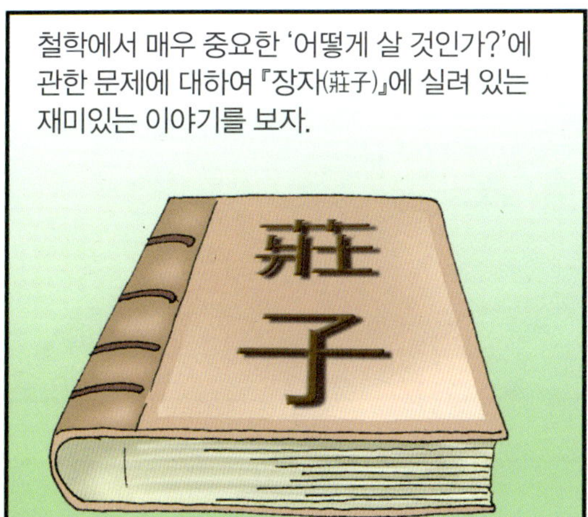

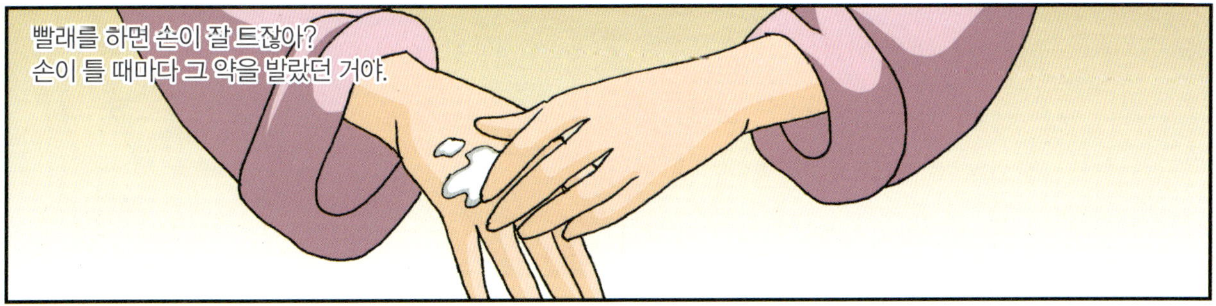

백금(百金): 많은 액수의 돈.

그 사람은 식구들을 모아 놓고 말했어.
"우리는 대대로 겨우 몇 푼 벌이에 지나지 못하였는데,
이제 이 약방문을 팔면 하루아침에 백금을
얻게 될 것이다."
약방문

한편, 약방문을 산 사람은 그 길로 오나라 왕(吳王)을
찾아갔어.

오나라는 당시 월나라와 전쟁을 하고 있었는데,
오나라 왕은 그를 장수로 삼고는,

그해 겨울 손이 트지 않는 약 덕분에 월나라와의 수전(水戰)에서 크게 이겼고,
와
못
아

오왕은 그에게 넓은 땅을 하사했지. 같은 기술을 갖고 있었지만,
한 사람은 빨래하는 업을 면치 못했고, 한 사람은 큰 땅을 얻은 거야.

장자는 이 이야기를 통해 세상을 폭 넓게 보라고 말하고 있어.
세상을 어떻게 보느냐에 따라 인생이 완전히 달라질 수 있다는 거야.

또 장자는 지식을 어떻게 사용하는가의
중요성도 지적했지.
지식

자신과 가족들만을 위해 사용하느냐,
전 인류가 살기 좋은 지혜로 사용하느냐 하는 문제인 거야.

물론 약방문을 사간 사람과 오왕도 편협한 생각을 한 건 마찬가지야.
왜냐하면 그 약방문을 전쟁하는 데만 사용했기 때문이지.
와
와
와
와아

약방문을 공개하여, 모든 사람들의 손이
트지 않도록 했다면 더 좋지 않았을까?

이 이야기는 우리에게 많은 것을 생각하게 하지?
까악
까악
까악

또 다른 이야기를 소개할게. '빨리빨리'를 추구하는 현대의 삶 속에서
느림의 철학을 생각하게 하는 '이가 빠진 동그라미' 이야기야.

이가 빠진 동그라미는 다른 동그라미처럼 빨리 달릴 수가
없어서 늦기 일쑤였고,
뒤뚱
뒤뚱

맛있는 것과 좋은 자리도 다른 동그라미들에게
다 빼앗기곤 했지.

때로는 구렁텅이에 한참 동안 빠져 있기도 했어.

이가 빠진 동그라미는 자신의 길이 쉽지 않다는 것을
알았지만, 자신이 할 수 있는 최선의 힘을 다해서
굴러갔고,

덕분에 오히려 많은 걸 볼 수 있었어.

새싹이 얼마나 힘들게 땅을 뚫고 피어나는지를 보았고,

새들이 새로운 세상을 보기 위해 얼마나 힘들게 알을 깨는지도 알게 되었어.

또 하루 벌어 하루 사는 노동자들의 힘든 삶도 보았어. 하지만 그들 모두는 언제나 성실하게 자신의 일에 최선을 다하며 사는 사람들이었어.

물론 자기 혼자만의 이익을 위해서 친구를 배신하는 사람이나,

자신의 이익만을 추구하는 사람을 보았을 때는 그런 모습을 보기 싫어 장님이 되고도 싶었어.
@☆♡?!
흠흠~.

힘들게 굴러가는 동안 그렇게 우주와 세상을 바라보게 된 동그라미는

이가 빠져서 천천히 구르는 덕분에 많은 것을 보고 듣고 느낄 수 있어 행복하다고 생각했어.

이가 빠진 동그라미는 늘 자신의 잃어버린
한 조각을 찾아다녔는데,

어느날 그는 그 한 조각을 찾아서
완벽한 동그라미가 되었지.
척

그 누구도 부럽지 않은 완전한 동그라미로
다시 태어난 거야.
콩콩
와우! 난 이제
완벽하다!

하지만 그 후로 동그라미는 쉴 수가 없었어.
계속 굴러야만 했거든.

바람과 꽃들과 나무들과도 이야기할 수 없었고,

그들의 이야기를 들을
시간도 없었지.

동그라미는 완벽한 게
좋은 줄만 알았는데,
다시 돌고

하지만 이제 그게 좋은 것만은
아니란 걸 깨달았지.
돌고

너무 완벽하면 주변을 돌아볼 여유도 없이
쉬지 않고 계속 굴러야만 했던 거야.
또 돌고~!

다른 것이 조금 부족하더라도 삶의 여유가 있는 게
더 나은 삶이라는 깨달음을 주는 이야기지.

이처럼 철학은 인생관과 세계관에 대해
끊임없이 고민해서 올바른 해답을 줘.

경쟁, 성장, 고속 등 여유가 없는 현대인의 삶에서는
성장

천천히, 그래서 좀 더 진지하고 포괄적으로
'철학'하며 사는 것이 중요하기 때문이야.

이제 다음 장에서는
철학에서 무엇을
공부하는지 알아보자.

해님과 달님

아주 오랜 옛날 어느 한 마을에 엄마와 사이좋은 오누이가 살았어요. 엄마는 오누이를 먹여 살리기 위해 떡을 팔아 돈을 벌었어요. 그러던 어느 날, 엄마가 잔칫집에 떡을 팔고서 밤늦게 집에 돌아오는 길에 고갯마루에서 무시무시한 호랑이를 만났어요. 어머니의 가련한 처지를 들은 호랑이는 '떡 하나 주면 안 잡아먹지!'라고 했지요.

철학은 모든 학문의 시작이자 줄기다.

엄마는 얼른 떡 하나를 주고 고개를 넘어가려고 했지만, 떡을 맛있게 먹은 호랑이는 남은 떡을 모두 빼앗아 먹었어요. 그리고 더 이상 떡이 없자, 호랑이는 약속을 어기고 엄마마저도 잡아먹었어요. 그리고는 엄마의 옷을 입고 오누이가 있는 집으로 향했어요.

비록 엄마로 변장을 했지만 호랑이라는 것을 알아챈 오누이는 뒷마당의 큰 나무로 올라가 숨었어요. 하지만 호랑이가 나무 위로 못 올라오자 동생은 도끼로 나무를 찍어 올라오는 방법을 알려 주었어요.

더 이상 도망갈 데가 없는 남매는 두 손을 모아 하늘에 도와달라고 기도를 했어요. 하늘에서 내려온 튼튼한 동아줄을 타고 하늘로 올라간 오누이는 해와 달이 되었어요. 밤을 무서워하는 여동생을 위해 오빠는 달이 되고, 여동생은 해가 되었다고 해요. 욕심 많은 호랑이는 하느님이 내려준 썩은 동아줄을 잡고 올라가다 동아줄이 끊어져 수수밭에 떨어져 죽었지요. 수수대가 군데군데 빨간 이유는 호랑이의 핏자국 때문이라고 해요.

이 세상 모든 것들은 이야기를 통해서 자신의 의미와 존재 가치를 나타내요. 이야기의 출발은 궁금증과 호기심을 풀기 위한 인간의 노력에서 시작되었죠. 그 중에서도 철학은 그 모든 이야기의 출발이라 할 수 있어요. 세상에 대한 모든 이

야기는 다시 문학으로 변화·발전하였어요. 때문에 철학 속에 문학이 있고, 문학 속에 철학이 있는 것이죠.

〈해님과 달님〉 이야기에서 두 남매가 해와 달이 되기 전에는 해와 달이 없었을까요? 그리고 두 남매가 해와 달이 된 것이 좋은 것일까요, 아니면 벌을 받은 것일까요? 남매의 아빠에 관한 이야기는 왜 안 나올까요?

이야기에서는 해와 달이 된 이유가 좋아 보이지만, 사실 두 남매는 해와 달이 됨으로써 다시는 만날 수 없게 되었어요. 때문에 이들은 오히려 하늘의 벌을 받았다고도 볼 수 있죠. 하지만 오빠가 밤을 무서워하는 동생을 위해 달이 되고, 동생이 해가 되었다는 걸로 봐서는 자신들의 선택으로 결정한 것이기에 벌이라고도 할 수 없죠. 이야기 속에 아빠가 나오지 않는 것으로 봐서는 아빠는 돌아가셨다고 볼 수 있죠.

물론 하늘의 해와 달은 이 이야기가 생기기 전부터 있었어요. 수수대가 군데군데 빨간 것도 호랑이가 떨어져 죽기 전부터 그랬지요. 〈해님과 달님〉의 이야기는 어머니·오누이·호랑이·떡·해·달·나무·하느님·동아줄·도끼 등의 단어를 연관시켜, 인간이 살아가는 이치와 원리를 재밌게 설명해 주고 있어요. 그건 '거짓말해서는 안된다'는 것과 '거짓말을 사실인양 착각하거나 잘못 알아서도 안된다'는 걸 알려주고 있어요.

이렇듯 문학 속에는 인간이 오랜 세월 동안 고민하여 타당성을 얻은 고귀한 철학적 가치들이 담겨 있어요. 문학은 가장 부드럽고 쉽게 철학으로 다가갈 수 있게 하는 훌륭한 수단이에요. 단순히 감동과 재미를 넘어, 인간의 본질과 가치를 찾아가는 과정이 문학과 철학의 공통점인 것이지요.

2장
철학은 삶의 이야기

철학에서는 생각의 전환이 필요해. 다음 이야기를 볼까?

이 사람은 미국 상원의원 선거에서 두 번이나 낙선하고, 하원의원 선거에서도 두 번이나 떨어졌어.

역사에 길이 남는 훌륭한 연설을 했지만 당시의 청중은 별로 관심을 보이지 않았고,

국민의 절반은 그를 무척 싫어했어.

에이브러햄 링컨(Abraham Lincoln, 1809년~1865년)

고난이나 고통을 겪을 때 포기하는 사람과 극복하는 사람의 차이점은
'할 수 있다'는 생각의 차이야.

링컨은 자신의 힘든 상황에 굴하지 않고 '할 수 있다'는
굳은 결심으로 극복해냈어.
아자! 아자!

자, 그렇다면
옛날이야기 속
철학거리를
살펴보자.

옛날 어느 깊은 산골에 다정한 오누이와 어머니가
살고 있었어. 이들은 아버지가 일찍 돌아가신 후
가난하게 살았지.

엄마, 오늘은 어디로
일하러 가세요?
응, 오늘은
저 고개 너머
이웃 마을로
간단다.

아주 부잣집이라고 하더구나.
동생하고 잘 놀고 있으렴.
네.

이 장면을 연극으로 만든다면 어떻게 꾸밀까?
산과 고개, 마을과 집이 있는 배경에
엄마와 남자아이, 여자아이가 등장하겠지?

부자는 화려한 옷을 입고 등장하고,
그 집에서 일을 하는 초라한 어머니 모습도 나오겠지.

엄마, 오누이, 동생은 '가족'이란 관계에서
나오는 말이고.
가족

산과 고개는 사람들이 사는 자연이야.

그리고 이웃 마을과 집은 사람들이
모여 사는 사회지.

이 사회 속에는 부자도 있고 주인공 가족처럼 가난한 가족도 있어.
아버지가 돌아가셨다는 대목을 보면, 살아 있는 사람들 이야기 속에
죽은 사람 이야기도 들어갔다는
것을 알 수 있지.

부유한 사람과 가난한 사람 등, 이런 것들은
너희가 매일 접하기 때문에 그냥 지나치기
쉬운 것들이야.

하지만 철학자들은 이렇게 당연한 일상을 깊게 생각해. 한 사람이 생각한 것을 또 다른 사람이 생각하면서 철학은 수천 년을 이어져 왔어.

나와 내 처, 그리고 나의 철학 사상을 사람들이 아는 것도 이 때문이야.

아주 평범하고 가까운 것들 속에 철학자들이 깊이 생각하는 중요한 문제들이 있어.
......

어릴 때 듣는 동화 속에도 철학자들의 생각거리가 들어 있는 거야.

이렇게 철학은 바로 우리 가까이에 있어.

그렇다면 왜 이런 이야기들을 당연하다고 생각하며 그냥 지나쳤을까? 그건 궁금하게 여기지 않아서야.
?

이런 이야기를
꺼낸 것은
철학은 '생각'과 뗄 수 없는
관계가 있기 때문이야.

그렇다면 철학자들은 철학이
왜 필요하다고 했을까?

사람들은 쾌락을 사랑하는 자와 재화를 사랑하는 자,
그리고 지혜를 사랑하는 자로 나눌 수 있다.
-피타고라스

음미되지 않는 삶은 살 가치가 없다.
-소크라테스

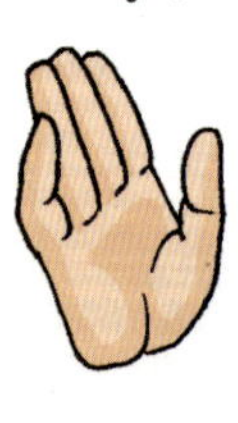

아침에 도를 들으면, 저녁에 죽어도 좋다.
-공자

철학은 경이의 마음에서 출발한다.
-플라톤

'朝聞道夕死可矣(조문도석사가의)'
이 말은 공자의 말씀을 담은 『논어』
'이인(里仁)' 편에 나오는 말이야.
논어

여기서 '도(道)'라는 것은 자신의 학문과 인생을 하나로
꿰뚫고 있는 근본적인 삶의 방식으로서,
道

우주의 이치와 같은 것이며,
죽어서도 버릴 수 없는 가치를 말해.

우리들은 왜 공부를 할까? 좋은 대학에 가기 위해서?
성공하기 위해서?

철학을 공부하는 참뜻은 단순히 지식을 넓혀 가는 것보다는
인간의 마땅한 도리를 깨닫는 데 있다고 할 수 있어.
참 도 리

그래서 사람과 사람 사이의 관계, 자연과 인간 사이의 관계 등을
올바로 이해하는 것이야말로 철학을 공부하는 진정한 의미인 것이지.

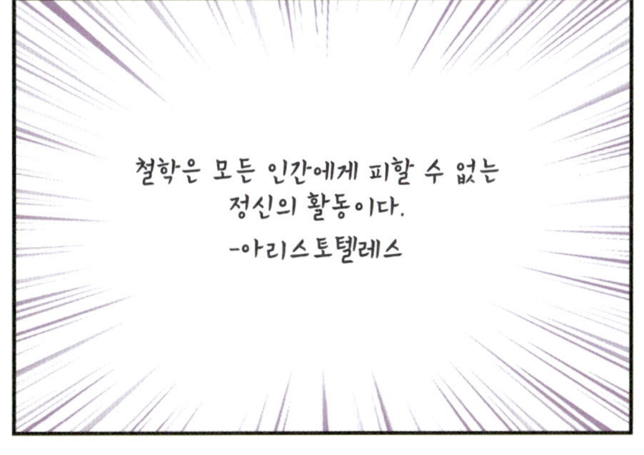

철학은 모든 인간에게 피할 수 없는
정신의 활동이다.
-아리스토텔레스

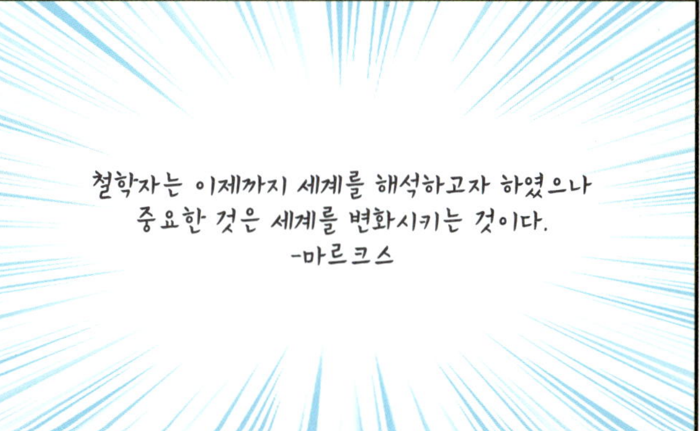

철학자는 이제까지 세계를 해석하고자 하였으나
중요한 것은 세계를 변화시키는 것이다.
-마르크스

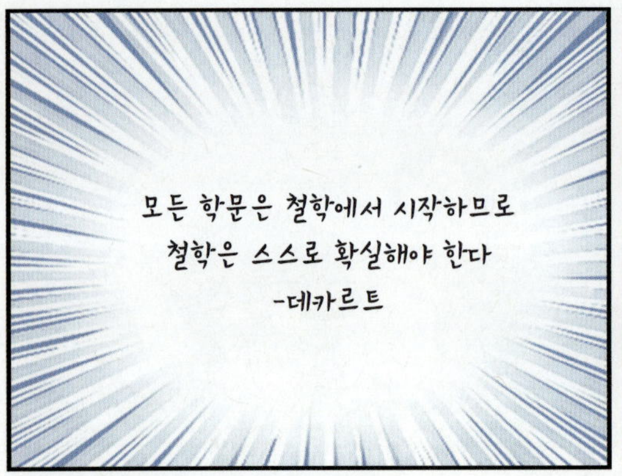

모든 학문은 철학에서 시작하므로
철학은 스스로 확실해야 한다
-데카르트

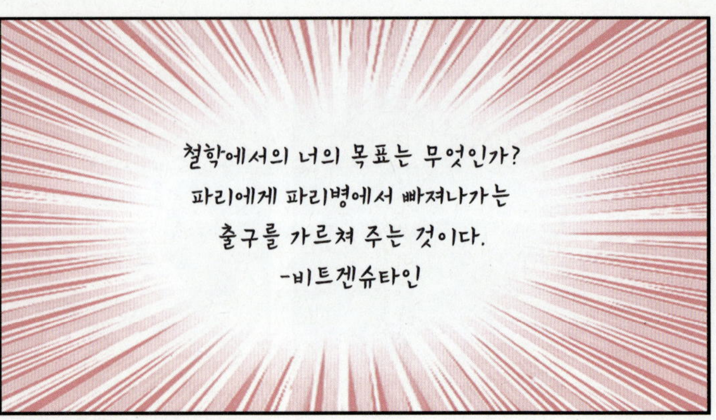

철학에서의 너의 목표는 무엇인가?
파리에게 파리병에서 빠져나가는
출구를 가르쳐 주는 것이다.
-비트겐슈타인

철학자들은 현실을 인식하고 설명하는 일을 해. 모든 학자들은
자신의 학문 분야에서 현실을 인식하고 자신의 인식 틀로 이 세계를 설명하고 있어.

그것도 자신의 분별력에 힘입어 가능한 한
성실하고 정확하게 하고자 하지.

그런데 철학은 무엇에 관한 학문일까?
철학이란?

물리학은 자연계의 물질 현상을 탐구 대상으로 삼고, 생물학은 생물 세계와 생명 현상을,
수학은 수의 질서와 원리를 학문의 대상으로 하지.
물리학-자연계의 물질 현상
생물학-생물 세계+ 생명 현상
수학-수의 질서와 원리

자명 : 설명하거나 증명하지 않아도 저절로 알게 됨.

백아가
거문고 줄을 끊다

음악을 들으면서 눈물이 난 적이 있나요? 음악을 들은 다음, 그 감동 때문에 환호를 지르고 기립 박수를 쳐 본 적이 있나요?

거문고와 술대.

중국의 철학서 『열자(列子)』와 『여씨춘추(呂氏春秋)』에 '백아절현(伯牙絕絃)'이란 이야기가 나와요. 거문고의 달인인 백아(伯牙)라는 사람이 있었어요. 그에게는 자신의 음악을 정확하게 이해하는 친구 종자기(鍾子期)가 있었지요. 백아가 거문고로 높은 산들을 표현하면 종자기는 "하늘 높이 우뚝 솟는 느낌이 마치 태산처럼 웅장하구나."라고 하고, 큰 강을 표현하면 "도도하게 흐르는 강물의 흐름이 마치 황허 강 같구나."라며 맞장구를 쳐 주었답니다. 종자기는 백아가 어떤 마음으로 곡을 뜯으며, 그 곡이 의미하는 바가 무엇인지를 정확하게 알아 맞혔다고 해요. 이렇듯 연주자인 백아와 감상자인 종자기는 떼려야 뗄 수 없는 사이였죠. 백아와 종자기는 거문고를 매개로 서로 마음이 통하는, 음악 세계가 일치하는 사이였어요.

그런데 종자기가 병으로 갑자기 세상을 떠났어요. 백아는 자신의 거문고 소리를 이해하고 함께 공감했던 친구의 죽음을 슬퍼하여, 그토록 애지중지하던 거문고 줄을 스스로 끊어 버렸답니다. 그리고 죽을 때까지 거문고를 다시 타지 않았다고 해요. 백아가 거문고 줄을 끊은 이유는, 자신의 음악을 알아주는 사람이 이 세상에는 더 이상 없다고 생각하였기 때문이지요.

인간은 그 무엇인가를 통해서 자신을 나타내고자 해요. 그림, 음악, 행위, 그리고 기타의 상징을 통해서죠. 인간이 사물과 현상을 바라보는 눈은 동서고금을 막론하고 비슷해요. 어떻게 보고 이해하고 설명하고 전달하느냐의 인식과 의식에 따라 세상은 달리 보이죠. 인식과 의식의 틀은 기억의 축, 이성의 축, 상상의

축으로 이루어져 있어요. 기억의 축의 대표적 학문은 역사이고, 이성의 축은 철학, 상상의 축은 문학과 음악, 미술 등의 예술이라 할 수 있어요. 이들 중 상상의 축은 기억의 축과 이성의 축을 기반으로, 창조성을 담당한다고 할 수 있어요.

잠시 우리 얼굴을 살펴볼까요? 눈이 제일 위에 있고, 그 다음에 양 옆으로 귀가 붙어 있고, 얼굴 중앙에 코가 있으며, 입은 얼굴의 제일 밑에 위치하고 있어요. 그리고 촉각은 우리의 온 몸에 퍼져 있으며 서로 밀착하였을 때 느낄 수 있는 감각기관이지요.

오늘날의 사회는 창조성을 강조한 '창조의 사회'입니다. 그렇다면 이 창조는 어떤 것들을 기본으로 할까요? 인간의 오감을 이용해서 감성을 자극하면서 출발한다고 해요. 그중에서 음악은 인간의 청각을 자극하여 지각하도록 하는 예술입니다.

소리가 나지 않는 무성영화를 상상해 보았나요? 음악이 없는 드라마를 생각해 보았나요? 우리 생활에서 음악이 사라진다면 어떨까요? 마음을 움직이는 음악을 통해서, 인간은 울기도 하고 웃기도 해요. 이것은 음악을 통해서 인간이 느끼고, 지각하고, 결국은 행동하기도 한다는 거죠. 그런데 인간이 느끼고, 지각하고, 행동하게 하는 이것이 바로 철학이에요. 여기에서 백아와 종자기처럼 떼려야 뗄 수 없는 음악과 철학의 깊은 관계를 알 수 있답니다.

무성영화의 전성시대. 찰리 채플린.

3장
철학에서는
실천이 중요해!

헤겔의 철학
정의처럼,
어떤 것을
아는 것도
중요하지만,

더욱 중요한 건 그것을 실천하는 거야.

한 학자가 배를 타고 강을 건너게 되었는데, 강을 건너는 도중
노를 젓는 소년에게 물었어.

애야,
너는 생물학을
배웠니?
아니오,
배우지
못했습니다.

학자가 다시 강 건너의 땅을 가리키면서
소년에게 물었어.
애야, 그렇다면
지질학은 배웠겠지?
아직 배우지
못했습니다.

저런! 그렇다면
너는 인생의 4분의 1을
헛되이 산 것이나
마찬가지구나.
알겠니?

탈레스(기원전 약 624년~기원전 약 546년)

이를 본 탈레스의 하녀가 이렇게 말했지.
사람들이 선생님을 현자라고 하던데, 바로 눈앞의 일도 알지 못하는 어리석은 분이시군요.

그런 분이 어찌 하늘의 일을 알려고 하세요?

하지만 탈레스가 이론만 앞세우는 이론가는 아니었어.

한번은 한겨울에 올리브유를 짜는 기계를 모조리 싼 값에 빌렸어.

사람들은 올리브 수확철도 아닌 한겨울에 기름 짜는 기계를 빌리는 탈레스를 이상한(?) 사람이라며 비웃었지.
ㅋㅋㅋ
ㅎㅎㅎㅎ

그런데 다음 해에 올리브 농사가 잘 되어 올리브 수확량이 크게 늘자, 기름 짜는 기계의 임대료가 많이 올랐지.

이미 많은 기계를 독점한 탈레스는 당연히 큰 이익을 보았어.

하지만 그는 학자는 학자로서의 길이 따로 있다면서 그런 방식의 장사를 계속하지는 않았어.

이런 방식의 장사를 '매점매석'이라고 하는데 오늘날에는 커다란 경제 범죄에 해당해.

박지원의 『허생전』에 나오는 주인공 '허생'의 이야기와 비슷하지?
껄
껄
껄
껄

매점매석을 한 탈레스의 행동은 부당한 행동이었어. 특히 오늘날의 입장에선 법의 심판을 받아야만 하지.

하지만 한편으론 안타깝기도 해.
왜냐하면 자신의 지혜로 돈을 더 벌어, 가난한 사람들에게 나눠 주었어도 좋았을 테니까 말이야.

물론 그의 행동은 분명히 정당하지 않은 행동이었고, 그로 인하여 다수의 사람들이 피해를 받기도 했지.

사람이 살아가면서 제일 필요한 게 뭘까?

어느 날 천지만물을 창조한 신이 다섯 사람에게 인간에게 가장 필요한 것 한 가지씩을 말하라고 했어.

A는 가장 필요한 것으로 '자존심'을 들었어.

자존심만 있으면 살 의욕과 방법을 찾을 수 있기 때문이지.

B는 '안전에 대한 욕구'를 들었어.

왜냐하면 인간들은 자신과
자기 가족은 물론 사회와
국가의 안전을 바라기
때문이야.

안전이 확보되어야만 다른 감정들이 무르익으니까 말이야.

C는 '생리적 욕구'를 들었어.

음식과 물 같은 기본적인 생리적 욕구가 해결된
후에야 다른 사람에 대한 배려와 예절이
형성되기 때문이지.

D는 '사랑'을 들었어.

왜냐하면 인간들은 자신이
사랑받고 있다는 것을 알 때와

자신이 다른 사람을 돌봐줄 수 있는 능력이 있다는 것을
알았을 때 만족하고 행복을 느끼기 때문이야.

E는 '자아실현'을 들었어.

왜냐하면 인간들은 자기가 이루고 싶은 꿈을 이루었을 때,
행복해하기 때문이지.
자아
실현

난 주어진 것에
만족하는 것도 좋다고 봐.

물론 우리들은 그 무엇이든지 될 수 있는 씨앗이야.
어떤 사람은 세계를 무대로 한 큰 부자가
될 거라는 포부도 가질 거고,

스스로에 대해 만족하고 편안함을 느끼는 것,
그게 중요하니까.

디오게네스(기원전 412년경~기원전 323년)

견유학파(犬儒學派): 문명 사회나 관습을 무시하고 간소하게 사는 삶을 추구함.

알렉산더 대왕(기원전 336년~기원전 323년): 마케도니아의 왕

제가 디오게네스가 아니라면,
폐하가 아닌 그 어떤 사람이
되어도 좋겠습니다.
!!

정말 멋진 반어법이지?
정복욕에 가득 찬
알렉산더가 한 방
먹은 거니까.

과연 사람의 삶에서
가장 중요한 가치는
무엇일까?
아니, 인간의 삶 속에서
행복이란 무엇일까?

이런, 갑자기 너무 심각해졌구나.
…….
…….

인간은 무엇을
위해 살아야 할까?

척
생각의 실천에
대한 이야기를
하나 더 해 줄게.

한 노인이 조랑말을
끌고 가고 있었는데,

노인이 깜박 잠이 든 사이에 조랑말이 없어져 버렸어. 노인은 여러 곳을 돌아다녔지만 찾을 수가 없었지.

그때 마을 밖에서 놀고 있던 소년들을 만났어.

너희들 혹시 조랑말 한 마리 못 봤니?
못 봤어요. 근데 길동이한테 물어보세요. 그 애는 무엇이든지 척척 알아맞히거든요.

어? 길동이다!
저 애가 길동이에요.

내가 길을 가다가 낮잠을 자는 사이에 조랑말 한 마리를 잃어 버렸단다. 혹시 못 보았니?
……

혹시 그 조랑말은 오른쪽 눈이 멀고 왼쪽 앞발을 절지 않나요?
그리고 앞니는 두 개가 빠졌지요?
맞다! 그 조랑말을 어디서 보았니?

어디 있는지는 몰라요. 그리고 조랑말을 본 일도 없고요.
다만 조랑말이 지나간 흔적을 보았을 뿐이에요.
아니, 보지도 않았는데 어떻게 조랑말에 대해서 그리 잘 아니?

길동이가 조랑말을 훔쳤다고 생각한 노인은 길동이를 관가로 데리고 갔어.
제가 훔친 게 아닙니다. 저는 보지 않았어도 조랑말에 무슨 짐을 실었는지도 알고 있습니다.

한쪽에는 꿀통을 싣고 다른 한쪽에는 양곡 부대를 실었습니다.
조랑말에 실은 짐까지 알고 있다니! 이 아이가 조랑말을 훔친 게 틀림없습니다.
흠!

추리력: 아는 것을 바탕으로 알지 못하는 것을 미루어 생각하는 힘

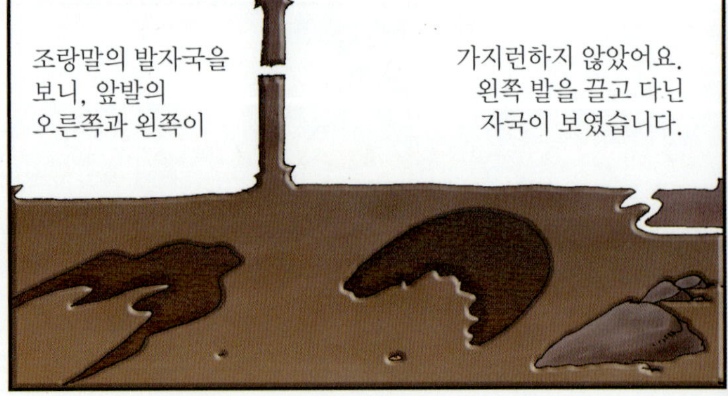

그래서 저는 조랑말이 왼쪽 발을 절고 있다고 생각했습니다.
……!
호오!

그렇다면, 조랑말이 싣고 가는 짐은 어떻게 알았느냐?

그것도 잘 살펴보면 알 수 있사옵니다.
한쪽에선 조랑말이 흘린 곡식을 참새 떼가 쪼아 먹고 있었고,

꿀을 흘린 반대쪽에선 파리 떼가 들끓고 있었으니까요.

아!
너의 관찰과 추리력은 참으로 뛰어나구나!

그런 추리력이라면 내 조랑말을 누가 어디로 훔쳐갔는지 알 수도 있을 텐데…
할아버지의 조랑말은 도둑맞은 게 아니에요.
그건 또 무슨 소리냐?

도둑이 훔쳐 갔다면
끌고 달려갔을 테지요.

그런데 조랑말이
어슬렁어슬렁 걸어가면서
길가의 풀을 뜯어 먹은 걸
보면 고삐가 풀려서
제 발로 걸어간 것
같아요.

……!

옳거니!

그렇다면 조랑말이
지금쯤 어디에
있을 것 같니?

풀을 잔뜩 먹고
햇볕이 뜨거웠으니
목이 말랐을 거예요.

그러니 조랑말이
갈 만한 곳은
맑은 물이 흐르는
냇가가 아닐까요?

옳거니,
네 말이 맞는 거
같구나.

배부르겠다, 목도 축였겠다, 세상에 부러울 것이 없는 조랑말은 냇가에서 쉬고 있을 것 같네요.
아하, 그렇겠구나.

나졸들은 지금 당장 냇가로 가라! 그리하여 이 노인의 조랑말을 찾아보도록 하라!
예!

그곳에는 정말로 조랑말이 있었어.
저기 있다!
아, 드디어 찾았어!

이처럼 생각의 힘은 위대해. 직접 겪거나 보지 않았어도 생각을 하면 진실을 알아낼 수 있게 된단다.

그러나 생각하는 것에만 그치지 않고 행동으로 반영하는 실천의 의지 또한 중요한 거야.
정말 대단하구나. 네 덕에 조랑말을 찾게 되었어.
별거 아닌데….

탈레스와 프리고진

　　자연 속에서 이 우주와 세상의 근본 물질을 찾으려 한 철학자들을 '자연철학자'라 해요. 그중에 '만물의 근원은 물이다'라고 한 탈레스(기원전 640년~기원전 546년)를 최초의 자연철학자라 부르죠. 탈레스는 철학자이면서 뛰어난 천문학자이자 수학자였어요. 왜냐하면 철학은 이 세상의 근원과 존재 이유에 대해서 질문을 하고 그 해답을 찾고자 하는 학문인데, 그는 그 대답을 객관적이고 설득력 있는 자료로 증명하려고 했기 때문이죠. 지구와 우주의 운행에 관심을 기울이고, 기후의 변화를 알기 위해 천문학을 공부했고, 천문학을 이해하기 위해 정밀한 수학적 기초를 쌓게 된 것이죠.

　　탈레스는 기원전 585년 5월 28일에 일어난 일식(日蝕)을 예언했고, 1년을 365일로 나누고, 1달을 30일로 정했다고 해요. 이집트에서 기하학을 받아들여 피라미드의 높이를 그 그림자의 길이로 측정했으며, '원은 그 지름에 의해 2등분된다' '이등변삼각형의 밑각은 서로 같다' '반원(半圓)에 내접하는 각은 직각이다' '두 직선이 교차할 때 맞꼭지각은 서로 같다' '삼각형은 밑변과 밑각이 주어지면 결정된다'는 등의 여러 가지 수학적 정리를 발견했어요. 탈레스를 비롯한 많은 고대 그리스 철학자들은 철학은 물론 과학, 수학, 의학에까지 두루 지식을 쌓았는데, 철학적 고민에 대한 해답을 제시하기 위해 보다 객관적이고 명료한 증명 방법을 찾기 위해 노력했기 때문이에요.

　　원래 모든 학문의 출발점은 철학이라고 할 수 있어요. 사람들은 무언가가 왜, 어떻게, 무엇 때문에 존재하는지 궁금했고, 인간의 모든 궁금증을 해결하기 위해 대두된 학문이 철학이지요. 그러다가 학문은 경험적이고 구체적인 학문으로 발전하게 되었어요. 그리하여 문학 · 언어학 · 심리학 · 수학 · 물리학 · 생물학 · 화학 등으로 쪼개졌지요. 과학이란 말은 '분과학문'에서의 두 글자를 따서 '과학'이라 해

요. '분과학문'이란 여러분이 학교에서 공부하는 구체적이고 개별적인 전문화된 과목으로서의 학문을 말하죠.

노벨화학상 수상자 일리야 프리고진(1917년~2003년)이 서울에 왔을 때, 그는 "이제 우리 그만 쪼개자."라는 말을 했어요. 21세기에 접어들면서 학문은 이제 다시 통합의 시대로 들어섰어요. 분과학문으로 각기 전문화를 추구했던 학문들이 서로 의 벽을 허물고 통합하기 시작했죠.

복잡계 이론을 주창한 노벨화학상 수상자 일리야 프리고진.

과학기술이 과거와 다르게 폭발적으로 발달하고, 분과학문에 머물던 것이 융합학문으로 변하면서 미래의 학문으로 조명받기 시작했어요. 이제는 물리학자가 화학 구조식을 외우고 공학자가 박테리아를 알아야 하는 시대, 안과 의사와 심장 전문의, 그리고 공학도가 만나 인공 안구와 인공 심장을 만들어 내는 시대가 된 것이죠.

그래서 이제 철학과 과학은 다시금 만나야 해요. 르네상스 시대의 레오나르도 다 빈치(Leonardo da Vinci, 1452년~1519년)처럼 의학과 예술, 철학 모두에 걸친 팔방미인이 되어야 해요. 그리하여 인간과 인간, 학문과 학문끼리 만나 새로운 아이디어와 상상이 가득한 창의적인 방법으로 현대 사회에서 발생한 문제들을 이해하고 풀어나가야 할 거예요.

4장
만약 언어가 없어진다면?

하이데거(Martin Heidegger, 1889년~1976년)

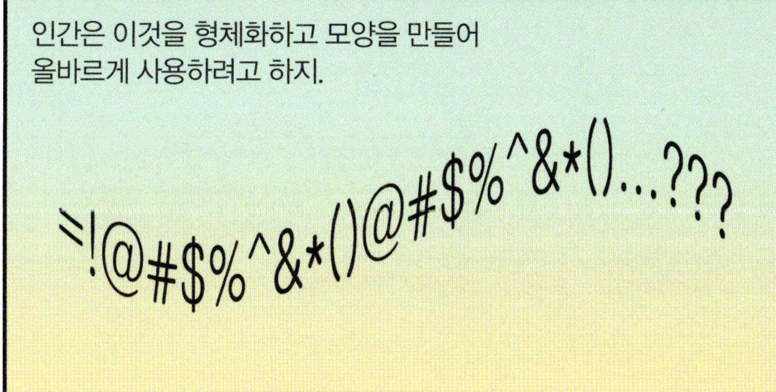

사람들은 이것을 '침묵은 금이고 웅변은 은이다'라는 말로 표현하기도 해.

이것은 모든 인간들이 함께 배우고 익혀야만 하는 대상이야.

답이 뭘까?
바로 언어야. 말과 글을 말하는 거지.
하이데거의 말을 인용한 것에서 답이 '언어'라는 것을 알 수 있지.

언어는 무척 대단한 것이지만 완전하진 않아.
언어

언어와 관련된 재미있는 이야기를 해 줄게.

장면 1: 전화 통화를 하다가 전화를 끊을 때 "네, 들어가세요."라거나, "들어가겠습니다."라고 말하는 경우가 있지? 도대체 어디로 들어가겠다는 말일까?

동음이의(同音異義): 글자의 소리는 같으나 뜻이 다름.

한편 '우리 엄마는 손이 너무 커'라는 표현은
애매모호(曖昧模糊)한 문장이야. 손의 크기가 크다는 뜻인지,
말과 마음 씀씀이가 크다는 뜻인지 알 수 없고,
??

한 손으로 야구공을 잡을 만큼
크다는 것인지, 농구공을 잡을 만큼
크다는 것인지 알 수 없어.

추운 겨울날, 문을 안 닫고 다니는 친구에게 이렇게 말하지.
문 닫고
나가!

문을 닫고 나면 어떻게 나가지?
그런데도 상대는 그 말을 잘 이해해서 나간 후에
문을 잘 닫잖아.
탁

영화나 드라마에서 강도가 "꼼짝 말고 손들어!"라고 하는
장면을 볼 수 있지? 어떻게 움직이지 않고 손을 들 수
있을까?

그런데도 알아서 손을 들고 난 다음 움직이지 않지.
우리 말에는 이렇게 독특한 사례들이 있어.

그렇다면 언어의 특징에는 어떤 것들이 있을까?

모든 언어는 뜻을 의미하는 '내용'과 그것을 나타내는 표기나 발음 같은 '형식'의 결합으로 이루어져 있어.

언어의 형식을 기호라고도 하고,
기호
(記號, Sign)

사회구성원 사이에 합의를 전제로 한 기호를 언어(음성으로서의)와 문자라고 해.
언어
문자

다른 동물들도 자신의 상태를 표현하기 위해 소리를 내기는 하지만 이를 언어로 인정하지는 않아.
꼬끼오

왜냐하면 동물들의 소리는 사회적으로 약속된 표현으로서의 소리도 아니고,
왈
왈

'뜻'도 담겨 있지 않기 때문이야.
왜 싸워?
?

또 모든 언어는 언어 사용자의 약속에 의한 '자의성(恣意性)'을 가지고 있어.
恣 意 性

이 아이들의 이름은 '지혜'와 '동훈'이야.
왜 이 아이들은 이 이름을 갖고 태어난 걸까?

그건 부모가 그렇게 지었기 때문이겠지?

만약 이름을 '철수'와 '영희'라고 지었다면,
당연히 철수와 영희가 되었을 거야.

이처럼 대상과 그 이름 사이에 필연적인 연관이 있는 게 아니라 단지 약속이라는 개념이 '언어의 자의성'이야.
'개'를 영어로는 '도그(Dog)'라고 하지.

만약에 언어에 필연성이 있다면 어느 나라에서든 똑같이
'개'라는 단어로 불려야겠지.

하지만 단어의 의미와 소리 사이에는 필연성이 없이
임의로 결합된 거야.
필연성

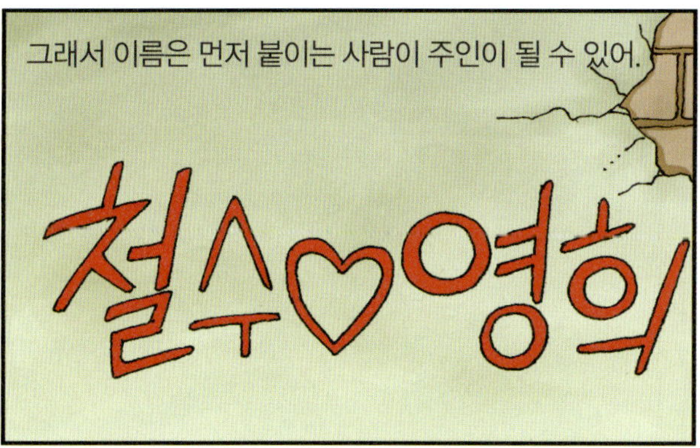

그래서 이름은 먼저 붙이는 사람이 주인이 될 수 있어.
철수♡영희

천문학자들이 새로운 별을 발견했을 때 일반적으로
자신의 이름을 붙이거나, 자기가 붙이고 싶은 이름을
붙이지.

과학의 발명과 발견에서도 마찬가지야.
피타고라스의 정리, 가우스 계산법 등등….
피타고라스의 정리, 가우스 계산법

하지만 일단 만들어서 정착된 언어는 그 언어를 사용하는 사회구성원 사이의 사회적 약속이기 때문에 개인이 마음대로 바꾸거나 새로운 것을 만들 수 없어.

예를 들어 '멍멍'하고 짖는 동물을 '개'라고 부르는 것에 의문을 품고,
왜 또 우리야?

나는 오늘부터 '개'를 '로봇'이라 부르겠다고 한들 '개'가 '로봇'이 되는 것은 아니야.
이런~!

왜냐하면 그것은 사회구성원들 간에 합의가 이루어지지 않았기 때문이지.
우리가 인간들하고 왜 합의를 하냐고!

또한 언어는 무한히 변화하고 창조될 수 있는 특성을 가지고 있어.
개가 하는 말이라고 무시하는 거야?

과거에는 없던 자동차, 비행기, 컴퓨터, 로봇 등의 단어가 과학이 발전하면서 생성된 것을 보면 알 수 있지.
끼익
앗, 저게 뭐야!

하지만 언어는 그 무언가를 설명하기 위한
수단일 뿐이야. 가치가 없어지면 버려지지.

불교의 『중부경전(中部經典)』에 나오는 '뗏목'에 관한
이야기를 보자.
중부경전

어느 날 부처님이 제자들에게
이런 질문을 했어.
어떤 사람들이 길을 가던 도중에 큰 강을 만났는데,
이쪽 기슭은 위험하고 맞은편 기슭은 안전하다.
그런데 강을 건널 나룻배나 다리가 없다면 어떻게 할 것인가?

제자들은 뗏목을 만들어 강을
건너야 한다고 답했어.

빨리 뗏목을 만들어
강을 건너자.

그들은 나뭇가지와 풀 등을 모아 만든 뗏목으로
강을 무사히 건널 수 있었겠지.

그런데 강을 건너고 난 뒤 힘들게 만든 뗏목을 버리기가 너무 아까웠어.
나는 이 뗏목을 가지고 가야겠어.

부처님이 다시 물었어.
제자들이여, 이 나그네의 생각이 현명하다고 할 수 있겠는가?
그렇지 않습니다.

그렇다면 어떻게 해야 현명하다고 할 수 있겠는가?
……

부처님은 뗏목을 버리고 자신의 길을 갔어야 옳다고 말씀하셨지.

뗏목은 강을 안전하게 건넌 후에는 필요 없기 때문이야.

제자들이여, 이 뗏목의 비유를 통해 내가 말하고자 하는 것은

나의 가르침도 그 뜻을 안 다음에는 버려야 하며,

결코 거기에 집착해서는 안 된다는 것이다.
명심하겠습니다.

부처님의 말씀이 어때?

설사 부처님의 가르침일지라도 쓸모가 없어진 다음에는 버려야 한다는 거야.

뗏목은 강을 건너기 위해서 필요한 거야.

아무리 훌륭한 재료로 만들어진 뗏목이라 할지라도,

일단 강을 건너고 나면 쓸모가 없어지지.

너희에게도 나의 설명은 '철학이란 무엇인가?'를 깨달을 때까지만 필요한 것이고
그 다음부터는 스스로 공부해야 해.

하이데거는 그가 쓴 『존재와 시간(Sein und Zeit)』이라는 책에서, '언어는 존재의 집'이라고 했어.
Sein und Zeit

인간은 언어를 통해 존재물을 표현하고 의사 전달을 하면서 학문을 축적하고 발전시켰어.

우리가 평소에 쓰는 분필, 책상, 볼펜의 이름이 사라졌다고 생각해 봐.
……

만일 말이나 글이 없다면 그 사물들이 무엇이며, 어디에 어떻게 사용하는 것인지를 설명할 수 있을까?

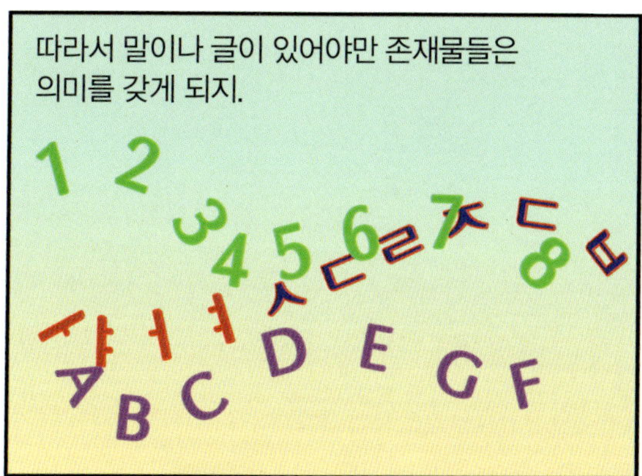

따라서 말이나 글이 있어야만 존재물들은 의미를 갖게 되지.

전통적으로 유학에서는 '언위심성(言爲心聲)'이라 하여, '말은 마음의 소리'라고 했어.
言 爲 心 聲

이것은 말하는 사람의 마음이 말 속에 드러나 있다는 거야. 마음이 곧 그 사람이고, 말과 행실은 그 사람을 나타낸다는 거지.

'나는 누구를 안다'는 말을 사용하는데, 이 말은 단지 그 사람의 목소리나 말투를 안다는 것을 의미할 뿐만 아니라,
우리 애기, '엄마~' 해 봐!

더 나아가 언어로 표출된 그 사람의 마음을 안다는 뜻도 포함하고 있는 것이야.
응응응?
엄마, 사랑해.

왜 바른말, 고운 말을 써야 하는지 알겠지?
다음 장에서는 오류와 거짓말에 대해서 알아보도록 하자.

벌거숭이 임금님

「벌거숭이 임금님」이란 안데르센의 동화를 알고 있죠? 임금님에게 두 명의 재봉사가 찾아와 근사한 옷을 지어 주겠다고 했지요. 그러나 이들이 임금님에게 만들어 준 옷은 '눈에 보이지 않는 옷'이었어요. "전하, 이 옷은 착한 사람들에게만 보이고 나쁘고 멍청한 사람들에게는 보이지 않사옵니다."

「벌거숭이 임금님」의 삽화. 빌헬름 페데르센 작(1849년).

임금님은 이 옷을 입고 길거리로 행차를 해요. 벌거벗은 임금님의 행차를 보며, 사람들은 "옷이 너무 부드럽고 멋지다."며 칭송을 하지요. 그런데 한 아이가 "임금님이 벌거벗었네."라고 말했어요. 그 순간부터 임금님이 벌거숭이라는 사실을 백성과 임금님은 알게 되었던 것이죠. 사실 임금님과 백성들은 임금님이 벌거숭이라는 것을 알고 있었지만, 나쁘고 멍청한 사람이 되기 싫어 임금님이 옷을 입고 있다고 거짓말을 한 거예요. 하지만 그 어떤 선입견과 편견을 갖고 있지 않았던 아이는 솔직하게 보이는 그대로의 임금님 모습을 이야기했죠.

또 다른 이야기가 있어요. 화가 진 위긴스는 전문 예술가들의 작품 전시회에 실수로 다섯 살 난 딸의 그림을 출품했어요. 〈해질녘〉이란 이 작품은 본래 어린이 경시대회에 내 보내려던 그림이었는데, 비평가들은 '색채의 혼돈'이라 칭찬하며 공로상을 주기도 했지요.

이해하기 힘든 어려운 미술 작품 앞에서 주눅들 필요는 없어요. 예술을 이해하는 가장 좋은 방법은 삶의 진실에 대한 철학을 마음에 두는 거예요. (물론 예술가들의 영감과 명성을 무시하라는 얘기는 아니에요.)

괴테(Johann Wolfgang von Goethe, 1749년~1832년)는 "나에게 있어 체험은 전체다.

현실이 나의 천재성보다 더 천재적이라는 것을 믿게 한다.”라고 말했어요. 예술은 현실에 그 뿌리를 내리지 않으면 안돼요. '생활의 진실이 없으면 진정한 예술이 있을 수 없다'라는 사실을 잊지 말아야 하죠.

인간은 보고, 듣고, 냄새 맡고, 맛보고, 느끼는 5가지 감각을 통해서 대상을 받아들여요. 그리고 자신의 교육적 능력, 언어적 능력, 자신이 속한 사회와 문화의 해석방식, 개인의 잣대(곧 철학)로 세상을 이해하고 파악하지요. 결국 인간은 자신이 알고 있는 만큼만 세상을 알 수 있으며, 자신

독일의 작가이자 철학자, 과학자였던 괴테. 한때에는 바이마르 공화국의 재상이었다.

이 보고 싶은 것만을 보고, 듣고 싶은 것만을 듣는답니다. 왜냐하면 감각을 통해 접한 대상을 자신의 이성과 감성으로 재해석하기 때문이지요.

우리의 전통 색깔은 청·적·황·백·흑의 오방색이에요. 그러나 서양의 무지개색은 빨·주·노·초·파·남·보의 7색이죠. 동양의 오방색과 서양의 7가지 무지개색, 이 차이는 자연의 대상들을 그들의 문화와 사상에 기초해서 해식했기 때문이에요. 동양의 오방색은 동양사상의 '음양오행사상'에서 나온 것이고, 서양의 7가지 무지개색은 성서에 기반을 둔 교리와 사상에서 나왔어요. 성서에는 하나님이 이 세상을 7일 만에 창조하였다고 해요. 때문에 뉴턴은 스펙트럼을 통해 나타난 무지개 색깔을 7색으로 구분했죠.

인간이 어떤 의식을 가지고 미술 작품을 감상하느냐에 따라, 그 대상은 새롭게 보이고 해석할 수 있어요. 물론 그 자체가 갖고 있는 아름다움은 시공을 초월해서 존재하죠. 철학은 미술 작품을 감상하고 새롭게 해석할 수 있는 가치와 지식 체계의 근본을 가질 수 있도록 돕는 거예요. 우리가 미술 작품을 바라보는 눈은 나와 우리, 당대 사회의 철학과의 관계에서 생기는 거랍니다.

5장
오류와 거짓말에서 벗어나기

첫째, 바이러스를 가진 모든 사람들을 백신이 개발될 때까지 격리시키는 거야.

이것은 '최대 다수의 최대 행복'의 한 예이기도 하지.
관계자외 출입금지

여기엔 다수의 안전과 행복 때문에 소수의 행복과 인권이 침해 당하는 문제가 발생하지.

둘째, 혼란을 피하기 위해 바이러스에 대한 연구를 비밀리에 행하는 거야.
40

여기에서는 국민들과 환자들의 알 권리에 대한 보장이 없단 문제가 발생해.

셋째, 바이러스에 대한 연구를 계속하고 이 사실을 국민에게 알리되, 아직은 위험하지 않다는 것을 강조하는 것이지.

하지만 바이러스의 위험을 제대로 알리지 않고 애매모호한 태도를 취한다는 문제점이 생기지.

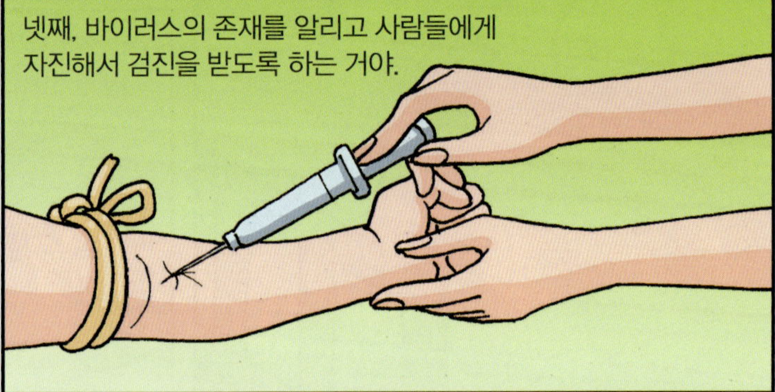

넷째, 바이러스의 존재를 알리고 사람들에게 자진해서 검진을 받도록 하는 거야.

그리고 바이러스를 가지고 있는 것으로 판명된 사람은 백신이 개발될 때까지 격리 생활을 하도록 하는 거지.
아……

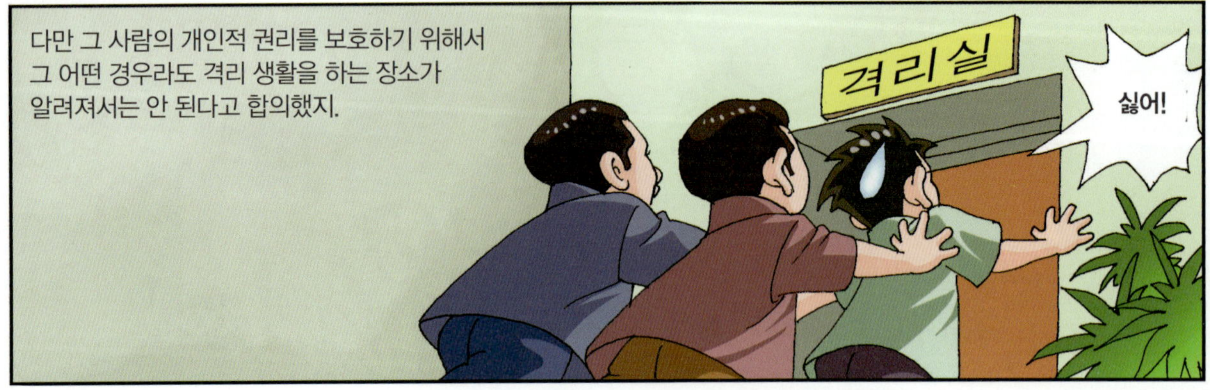

다만 그 사람의 개인적 권리를 보호하기 위해서 그 어떤 경우라도 격리 생활을 하는 장소가 알려져서는 안 된다고 합의했지.
격리실
싫어!

여기에서 오류의 문제가 발생해.
과연 이 상태에서 '최대 다수의 최대 행복'을 어떻게 정당화할 수 있을까?

'개인의 권리'와 '집단의 권리'를 어떻게 결정하는 것이 바람직할까?
꽥 꽥
삐약 삐약

모든 문제의 결정을 도덕적인 판단, 혹은 '최대 다수의 최대 행복'이라는 기준으로 결정할 수 없을 때도 있지 않나?
최대다수 최대행복
도덕적

사회 속에서 인간은 말을 통해 의사소통을 하고,

문화를 발전시키고 지식과 지혜를 후세에 전달할 수 있어.
낄 낄 낄...

말 때문에 성공할 수도 있고, 실패할 수도 있지.

하지만 말에는 치명적 단점인 오류와 거짓말이 있어.

거짓말은 마음을 닫아버리게 만드는 생명력이 없는 말이고,

오류는 인간관계를 향상시키며 더 나은 차원으로 발전시키는 것을 방해하지.

이제 말이 얼마나 어렵고도 재밌는지 이야기를 하나 해 줄게.
말 = 言 = Speech
거짓말쟁이만 살고 있는 크레타란 섬이 있어.
우리 크레타 인은 모두 거짓말쟁이다!
엥?

크레타 인의 이 말은 거짓말일까, 참말일까? 거짓말쟁이인 크레타 인의 말이니까 그의 말은 당연히 거짓말이겠지.
우리 크레타 인은 모두 거짓말쟁이라니까!
헷갈린다.

이렇게 참과 거짓을 넘어서 있는 표현을 패러독스(paradox)라고 해.

패러독스 = 역설(逆設)

참과 거짓으로 판별할 수 있는 문장을 '명제'라고 해.
비행기는 빠르다.
그건 명제가 아냐. '빠르다'의 기준을 알 수 없으니까.

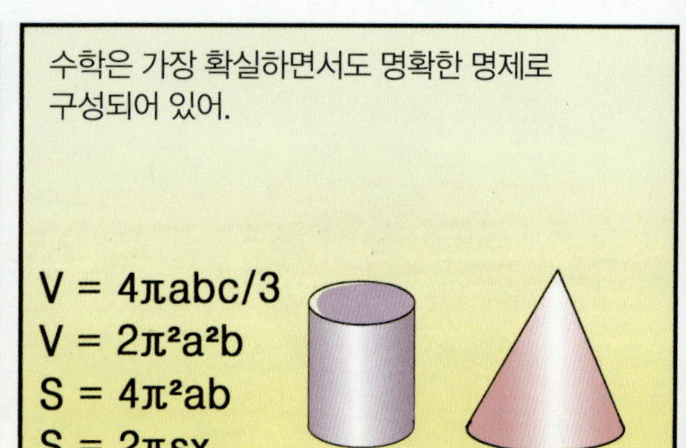

수학은 가장 확실하면서도 명확한 명제로 구성되어 있어.
V = 4πabc/3
V = 2π²a²b
S = 4π²ab
S = 2πsx

'삼각형의 세 내각의 합은 180°다.'
'평행한 두 직선은 영원히 만나지 않는다.'

'한 점에서 같은 거리에 있는 점들의 집합을 원이라 한다.'

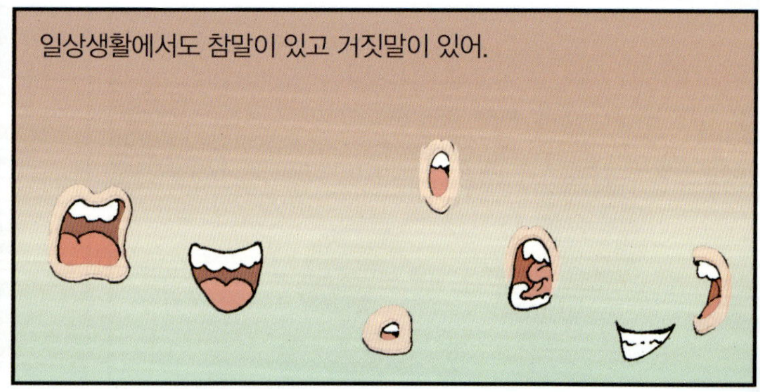

일상생활에서도 참말이 있고 거짓말이 있어.

그리고 참말이라고 믿고 있는데도 거짓말일 경우가 있고, 거짓말이라고 믿고 있는 데도 참말일 경우가 있지.

양치기 소년 이야기 알지? 심심하던 양치기 소년은 마을 사람들에게 늑대가 나타났다는 거짓말을 하지.
늑대가 나타났어요!

마을 사람들은 진짜로 늑대가 나타난 줄 알고, 늑대를 쫓기 위해 농기구 등을 들고 산으로 올라왔어.
와 아

양치기 소년의 거짓말을 진짜로 받아들였기 때문이야.
낄낄낄…

그런데 이번에는 정말 늑대가 나타났어.
크르르르
늑대가 또 나타났다!

하지만 마을 사람들은 양치기 소년이 거짓말을 한 거라며 아무도 믿지 않았지.
저 거짓말쟁이 양치기 녀석.
또 속을까 봐?

이처럼 양치기 소년의 말은 누군가를 속이기 위한 '거짓말'이고,
덜덜

진짜라고 생각했던 마을 사람들의 판단을 '오류'라고 해.

오류는 일종의 우리가 자주 범하는 실수야.

논리학에선 주로 올바른 추리와 사유를 하기 위한 방법을 연구하지.
논리학

그 오류를 가급적 범하지 않기 위해, 언어와 판단을 다루는 철학의 분과가 바로 논리학이야.

다른 이야기를 해 줄게. 옛날 어느 마을에 길동이와 덕배라는 소년이 살았어.
길동이는 똑똑하고 재치가 많았고, 덕배는 덩치가 컸고 우직했어.

두 소년은 함께 서당에 나가 공부를 했는데,
어느 날 훈장 어른이 몸이 아파 일찍 수업을 마쳤어.

그 대신 훈장 어른은 두 소년에게
'콩 한 가마니에 콩알이 몇 개나
들어 있는지 알아오라'는 숙제를 내 주었어.

우직하고 성실한 덕배는 집에 도착하자마자
콩 한 가마니를 번쩍 들어 방으로 나르고는,
콩

방에다 콩을 모두 쏟아놓은 뒤 콩알 수를 세기 시작했지.

그러나 길동은 산으로 들로 쏘다니며 놀다가 해질 녘에야 집으로 돌아와서는,
와
아

가우스(Karl Friedrich Gauss, 1777년~1855년)

어느 날 선생님이 몸이 아파 수업을 하기가 힘이 들어서.

'1+2+3+4+……97+98+99+100'의 답을 구하는 문제를 냈어.

그런데 가우스는 5분도 채 안 되어 '다 계산했다!'며 떠들고 장난치는 게 아니겠어?
만세

화가 난 선생님은 가우스에게 답이 얼마냐고 물었는데,

가우스는 서슴없이 정답을 얘기했지.
5,050입니다!

가우스는 어떻게 그렇게 쉽게 계산해냈을까?
헤 헤 헤

가우스는 제일 처음 숫자 1과 맨 끝의 숫자 100을 더하면 101,
그 다음 숫자 2와 99를 더하면 101, 또 그 다음 숫자 3과 98을 더하면 101……

$$(100+1)+(99+2)+(98+3)+(97+4)$$
$$\cdots\cdots(51+50)=5050$$

이렇게 일정한 규칙이 있다는 걸 알고,
그걸 계산한 거야.

가우스는 이런 방법으로 '101×50＝5,050'이란
답을 빨리 구할 수 있었지.

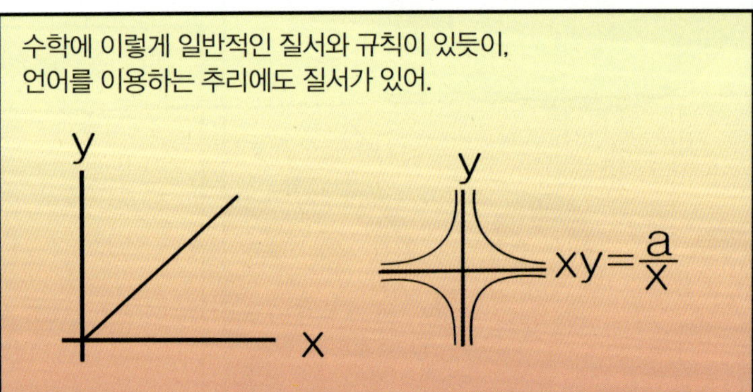

수학에 이렇게 일반적인 질서와 규칙이 있듯이,
언어를 이용하는 추리에도 질서가 있어.
y
x
y
$xy=\dfrac{a}{x}$

주어진 그 모든 자료를 검토하는 덕배의 '완전 귀납추리'와,
헥…….
헥…….

조건이 같은 일부만을 조사하여,
나머지도 사례도 그럴 것이라고 추리하는
길동이의 '불완전 귀납추리'이지.

가우스의 계산법은 똑같은 조건의 반복이기 때문에

일부의 조건으로 모든 조건을 조사했으니,
'완전 귀납추리'라고 할 수 있어.
의
요

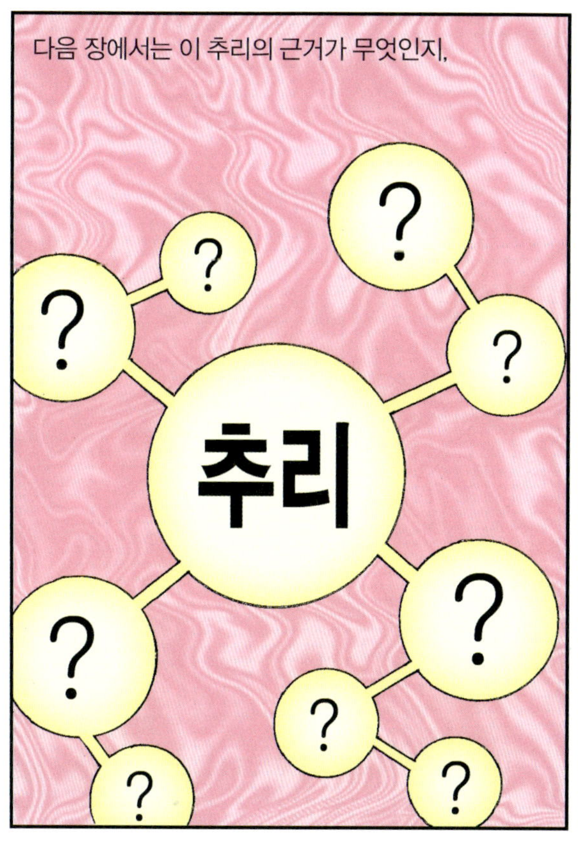

다음 장에서는 이 추리의 근거가 무엇인지.
?
?
?
?
추리
?
?
?

철학에서
매우 중요한
경험론과 합리론을 통해
알아보자.

가혹한 정치는 호랑이보다 더 사납다

중국 고대 유가(儒家, 유학)의 경전인 『예기(禮記)』에 '가혹한 정치는 호랑이보다 더 사납다'라는 뜻의 '가정맹어호(苛政猛於虎)'에 대한 얘기가 나와요. 어느 날 공자가 수레를 타고 제자들과 태산(泰山) 기슭을 지나가고 있을 때, 어떤 부인의 흐느끼는 울음소리가 들려왔어요. 일행이 발을 멈추고 살펴보니 길가의 풀숲에 무덤 셋이 보였고, 부인은 그 앞에서 울고 있었지요.

중국 유교의 시조 공자.

공자의 제자인 자로(子路)가 부인에게 다가가서 물었어요.

"부인, 어인 일로 그리 슬피 우십니까?"

깜짝 놀란 부인이 한참을 주저하다 말했지요.

"여기는 아주 무서운 곳이랍니다. 수년 전에 저희 시아버님이 호환(虎患)을 당하시더니 작년에는 남편이, 그리고 이번에는 자식까지 호랑이한테 잡아 먹혔답니다."

"그러면 왜 이곳을 떠나지 않으십니까?"

"하지만 여기에서 살면 세금을 혹독하게 징수 당하거나 못된 벼슬아치에게 재물을 빼앗기는 일은 없기 때문이지요."

자로에게 이 말을 전해 들은 공자는 제자들에게 이렇게 말했어요. "잘 기억해 두어라. 가혹한 정치는 호랑이보다 더 무섭다(苛政猛於虎)는 것을."

다시 공자에게 제자인 자공이 물었습니다.

"정치를 어떻게 하는 것이 좋겠습니까?"

"경제를 풍족하게 하고, 국방을 튼튼히 하고, 백성들이 믿을 수 있도록 해야 한다."

"그 세 가지 중 어쩔 수 없이 하나를 포기해야 한다면 무엇을 포기하시겠습니까?"

"국방을 포기하겠다."

"둘 가운데 다시 하나를 포기해야 한다면 무엇을 포기하시겠습니까?"

"경제를 포기하겠다. 예로부터 사람은 누구나 죽는 법이지만 믿음이 없으면 아예 사회가 성립될 수 없는 것이다."

국가는 백성을 기본으로 해요. 이것이 '민본(民本)정신'이지요. 백성이 없다면 경제가 없고 경제가 없다면 국방이 없는 거예요.

훌륭한 정치가의 덕목에 대해 동서고금의 철학자들이 많은 이야기를 했어요. 세계는 지금 통합으로 흘러가고 있지요. 경제적 통합과 정치적 통합, 심지어 의식주의 통합까

국제세계의 리더 반기문 유엔사무총장.

지 진행되고 있어요. 여러분이 입고 있는 옷, 세계 각국의 별미, 쉬고 있는 집 등이 세계적으로 통합되고 있고, 세계의 정치는 국제연합, 유럽연합, 각종 지역공동체, 동아시아연합 등으로 통합되고 있죠.

정치 지도자는 망원경과 현미경과 같은 의식과 감각을 가져야 해요. 망원경처럼 멀리 내다 보며 일의 경중(輕重)과 순서를 정할 수 있는 지혜와, 현미경처럼 세밀하고 깊이 볼 줄 아는 능력이 있어야 하지요. 여기에 해야 할 일과 하지 말아야 할 일을 구분하고 결단하는 '학자적 양심'과, 무엇이 진정 이익이고 손해인지를 구분하고 따질 수 있는 '상인적인 현실감각'이 있어야 해요. 따라서 정치가가 어떤 생각과 의식을 갖고 국민들을 대하고 세계를 이해하며 자신의 철학을 펼치느냐에 따라 국민의 삶과 질은 살기 좋아지거나 나빠질 수 있답니다.

6장
지식의 근원은 무엇인가?

경험론(Empiricism)

지식은 경험을 통해 성립되고, 경험만이 우리가 신뢰할 수 있는 지식의 원천이라고 보는 입장이야.
참 참

자연은 '규칙성의 원리'를 갖고 있는데, 이것은 과거에 일어났던 일이 같은 조건에 똑같이 발생하는 것을 의미해.
땡
땡
땡

우리는 내일도 태양이 동쪽에서 뜰 것이라는 예측을 할 수 있고,

또한 낮이 지나면 밤이 오고, 다시 낮이 온다는 것도 알지.
와구
와구

또한 자연은 '유사성의 원리'를 갖고 있어.

이것은 동일하거나 유사하게 경험되는 현상들은 '일반화(一般化)'를 통해 원리와 원칙으로 만들 수 있다는 거야.
땡
땡
땡

하지만 경험이란 이미 감각과 판단이 합쳐진 것이므로,
컹 컹

'과연 순수한 경험이 존재하는가?' 라는 의문이 발생하지.
으쓱

또 우리의 감각은 불완전하기 때문에
장난이지롱~! 우하하!
장난이라구?!

어떠한 확실성도 제공할 수 없어.
보고서

왜냐하면 개연성만 가진 지식은 완전하지 않기에 의심스럽기 때문이야.
같은 자극을 반복적으로 경험하면 비슷한 조건에 같은 반응을 보인답니다.

합리론(Rationalism)

합리론은 이성에 의해서만이 절대적이고도 확실한 지식을 얻을 수 있고,
지식은 경험을 통해서 얻을 수 있다.
경험은 인간을 기만할 수 있다.

그와 같은 진리들은 만들어지는 것이 아닌, 이미 질서나 원리, 법칙 등의 주어진 상태로 존재한다고 하지.

플라톤은 『메논』이라는 책에서 이렇게 묻지. "어떤 것을 배우기 위해서는 아직 모르는 진리를 발견해야만 하는데,

만일 어떤 사람이 진리를 미리 알지 못한다면 그것이 진리라는 것을 어떻게 알 수 있겠는가?"

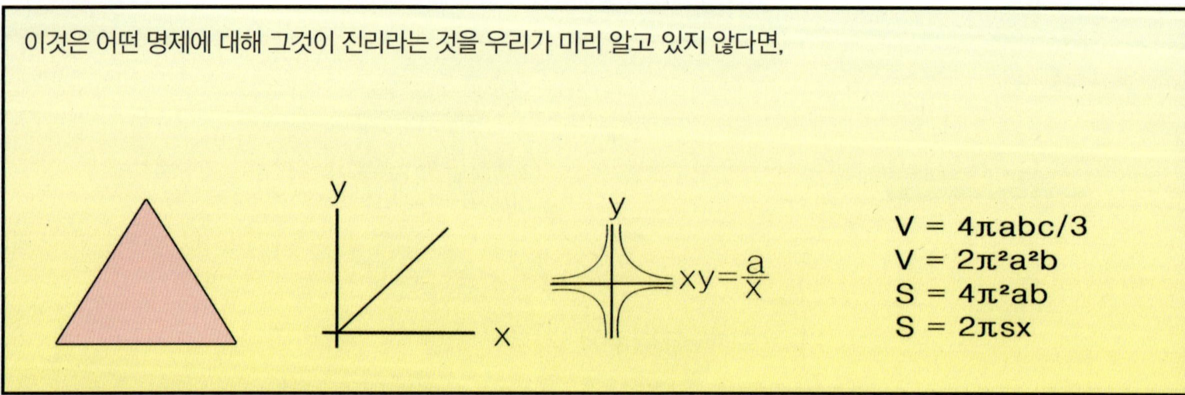

이것은 어떤 명제에 대해 그것이 진리라는 것을 우리가 미리 알고 있지 않다면,
$V = 4\pi abc/3$
$V = 2\pi^2 a^2 b$
$S = 4\pi^2 ab$
$S = 2\pi sx$
$xy = \dfrac{a}{x}$

우리가 그 명제를 배운다 하더라도 그것이 진리인지 아닌지를 알 수 없다는 거야.

더 나아가 우리가 아는 것들은 그것을 미리 알고 있는 것이며, 배운 것이 아니라고 주장해.

결론적으로 우리는 아무것도 배우지 않고,
정삼각형을 생각해 보자.

단지 미리 알고 있던 것을 상기할(remember) 뿐이라고 플라톤은 말하지.
누구도 완벽한 정삼각형을 그릴 수는 없어.

모든 기본적이고도 보편적인 원리들은 인간의 정신 속에 미리 존재한다는 거야.
아무리 정확히 그리려고 애써도 각도나 길이에서 약간의 오차는 있지.

감각적 지각은 인간의 정신 속에 미리 존재하는 기억을 자극해서,
하지만 우리는 그것을 정삼각형이라고 해.

정신 속에 언제나 있던 지식을 의식의 차원으로 끌어 올리는 역할만을 하는 거라고 말하지.
우리는 한 번도 완벽한 정삼각형을 본 적이 없지만, 그게 무엇인지 이미 알고 있기 때문이지.

결정적으로 플라톤은 '현실 세계는 이데아의 불완전한 모방(模倣)일 뿐'이라고 주장했어.
우리는 진리를 이미 알고 있고,
그 영원불변의 진리를 '이데아'라고 한다.

데카르트는 '방법적 회의(懷疑)'의 결과로 얻어진 "나는 생각한다, 고로 나는 존재한다"는 명제를 통해
나는 생각한다, 고로 나는 존재한다 (I think, therefore I am).

지식의 성립 조건은 경험보다는 정신에 있음을 강조했지.

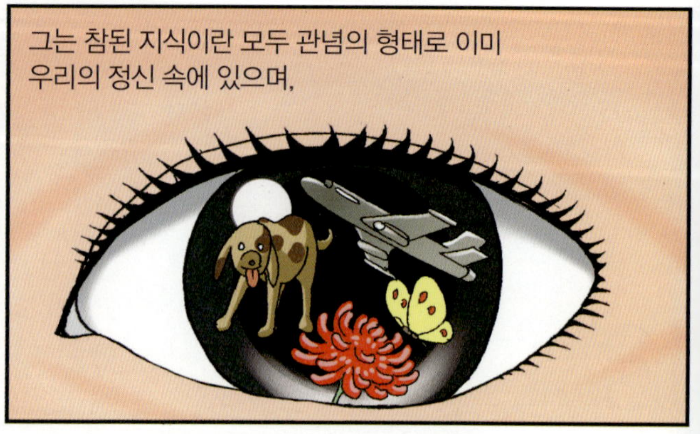

그는 참된 지식이란 모두 관념의 형태로 이미 우리의 정신 속에 있으며,

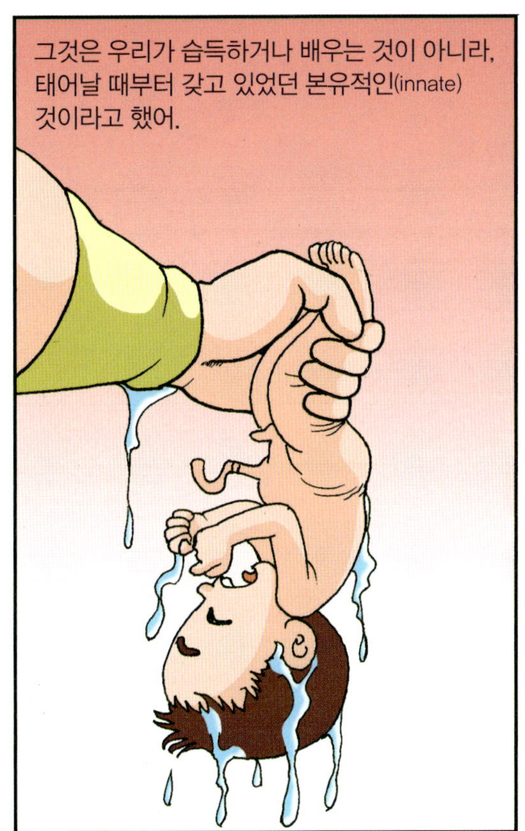

헤라클레이토스(기원전 540년경~기원전 480년경)

우리의 정신과 육체는 강물에 발을 담그는 순간 변했고,
우리의 인식 변화를 가져온 강물은 이미 흘러갔어.

불교에서는 이것을 '제행무상(諸行無常)'
이라고 하는데,

우주 만물은 항상 흐르고 변하여
한 모양으로 머무르지 않는다는
것을 설명한 거야.
땡그랑

자신조차도 매 순간 변하지.

변하지 않는 것을 굳이 말한다면, '이 세상 모든 사물은 변한다'는 말뿐일 거야.

인식론(Epistemology)

존재론(Ontology)

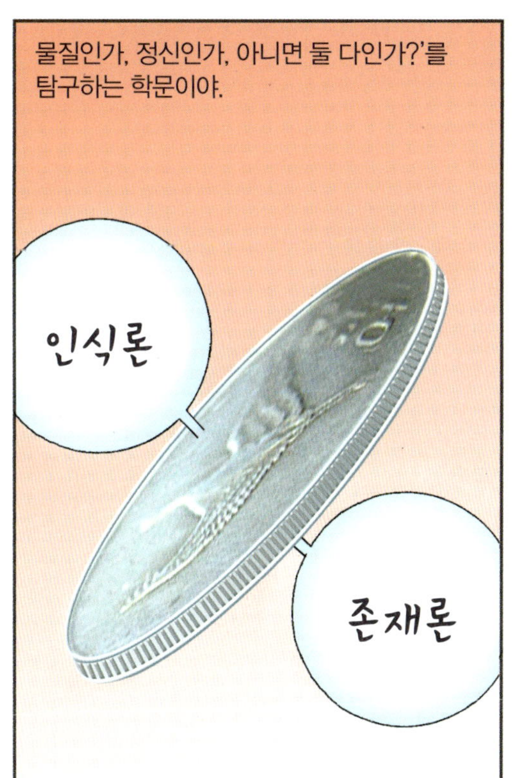

형이상학(Metaphysics)

프랑스 혁명과
마리 앙투아네트

역사에서 우리에게 잘못 알려진 것들이 있어요. 예를 들어 프랑스 혁명 당시 "빵이 아니면 죽음을 달라!"라는 프랑스 시민의 말에, 왕비였던 마리 앙투아네트(1755년~1793년)가 "그럼 케이크를 주면 되잖아!"라는 말을 했다고 알려져 있는데, 사실 그 말은 루이 15세의 딸인 빅투아르(1733년~1799년)가 혁명이 일어나기 오래 전에 한 말이에요.

프랑스 루이 16세의 왕비였던 마리 앙투아네트.

마리 앙투아네트의 시누이뻘인 마담 빅투아르는 착하긴 했지만 뚱뚱한데다가 조금 모자랐대요. 사람들이 그녀에게 프랑스 파리 빈민의 생활에 대해 이야기하자, "맙소사, 그럼 파이의 껍데기라도 먹으면 되지 않아요?"라고 외쳤다는 거예요. 이 말이 마리 앙투아네트를 미워하는 사람들에 의해서 왜곡되어, 마리 앙투아네트가 "그럼 빵 대신에 케이크나 먹으라고 하세요."라고 말했다고 퍼진 것이죠.

인간은 무조건 반사하는 본능을 제외하고, 기본적으로 생각을 하고 행동을 해요. '수학을 공부할까, 영어를 공부할까?' '점심은 한식을 먹을까, 중식을 먹을까, 양식을 먹을까?' '한식을 먹는다면 비빔밥, 김치찌개, 된장찌개, 부대찌개 중에서 무엇을 선택할까?'를 고민하죠.

마담 빅투아르에게 빵이나 파이 껍데기는 보잘것없고 맛이 없어 버리거나 잘 먹지 않은 음식이었던 거죠. 그래서 그녀는 빵조차 못 먹어 굶어 죽는다는 파리 빈민들의 삶을 전해 듣고는 "맙소사, 그럼 파이의 껍데기라도 먹으면 되지 않아요?"라고 외친 거였어요.

사람은 생각을 하고 행동하지만, 그 생각도 자신의 경험을 통해서 형성되요. 굶어 본 적이 없는 사람은 배고픔의 고통을 몰라요. 하지만 그 배고픔의 고통을 경험한 사람의 경우엔 그 고통을 어떻게 극복하느냐에 따라서 사람의 운명이 바

꿔고, 그 사람이 속한 사회도 바뀌죠.

 '역사(歷史)'에서 '역(歷)'은 시간의 흐름을 말해요. 시간의 흐름 속에서 발생했던 사실과 일들을 말하는 거죠. 그리고 '사(史)'란 시간의 흐름을 바라보는 사관의 해석을 말해요. 그리고 이 사관의 해석에 따라서 역사적 사실은 긍정으로도, 또는 부정으로도 인식될 수 있는 것이죠. 때문에 객관적·역사적 사실이란 존재하지 않는 것이고, 존재할 수도 없는 것예요. 왜냐하면 인간은 자신이 살고 있는 세계의 의식과 패러다임으로 자신과 세계를 이해하고 해석하려 하고, 또한 '역(歷)'에서 존재하는 사실(fact)도 '역사적 사실(historical fact)일 뿐이기 때문이에요.

 '어제의 내'가 있었기에 '오늘의 내'가 있을 수 있어요. 그리고 이 '오늘의 나'를 통해서 '내일의 나'를 바라볼 수 있지요. 반대로 '오늘의 내'가 있기 때문에 '어제의 나'가 존재하기도 하죠. 과거에 일어났던 '어떤 사건'을 현재의 나와 사회가 어떻게 해석하고 의미를 부여하느냐에 따라, 과거의 그 '어떤 사건'은 새롭게 해석이 돼요.

영국의 정치학자 겸 역사가 에드워드 핼릿 카.

 그래서 E.H 카(Edward Hallett Carr, 1892년~1982년)는 『역사란 무엇인가?』라는 책에서, '역사는 현재와 과거의 끊임없는 대화'라고 말한 거예요. 그 대화와 해석이 사실에 기초해서 객관적인 중립성을 지키려고 노력하는 것이 역사이고, 그 역사의 흐름에 방향을 제시하는 것이 철학이라 할 수 있어요.

앎의 형성 과정과 진리 인식의 방법

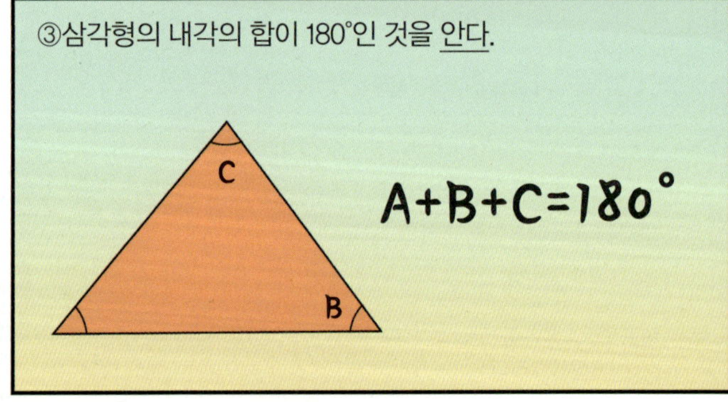

⑥실제로는 '인어(人魚)가 없다'는 사실을 안다.

⑦하느님이 구원해 줄 것을 안다.

⑧'2+5=7'이 참임을 안다.
2 더하기 5는?
7이요.

⑨'에베레스트산의 높이가 8,848미터'라는 것을 안다.

⑩'세종대왕이 한글을 창제'했음을 안다.
훈민정음

⑪'모든 사람은 죽는다'는 사실을 안다.

⑫ 우주는 태초에 대폭발에 의해서 탄생했다'는 것을 안다.

⑬'태양의 중심부는 매우 고온'이라는 것을 안다.

⑭'경욱이가 효자'라는 것을 안다.

⑮해와 달의 변화를 보고 시간과 계절의 변화를 안다.

⑯'모든 까마귀는 검다'는 사실을 안다.

위의 명제들 중에서, 경험에 의해서만 알 수 있는 것에는 ①②④⑤⑥⑭⑮⑯이 있고,
동화책

경험하지 않고서도 알 수 있는 것에는 ③⑦⑧⑨⑩⑪⑫⑬이 있어.
훈민정음

하지만 이건 편의상 구분한 거야. ⑦번 같은 경우는 신념이고 믿음의 문제이기 때문에,

누구에겐 참이지만 다른 사람에게 거짓일 수 있지.

그런데 무언가를 '알기' 위해선 그 무언가가 '있어야' 하겠지?

'있다'는 건 크게 4가지로 구분할 수 있어.
'책이 있다'와 같은 사실적 · 물질적 실재,

'자유가 있다'는 이념적 실재,

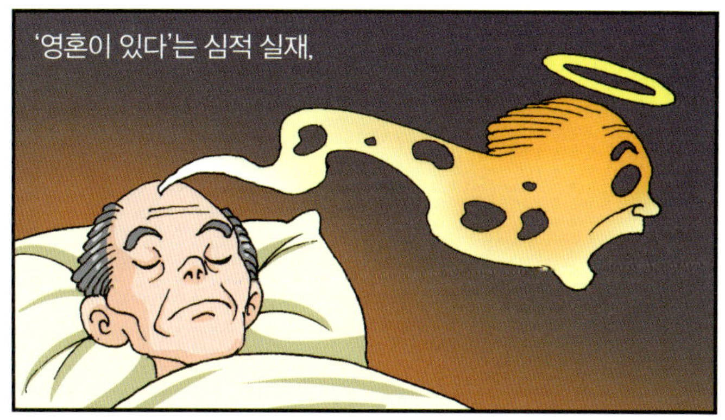

'영혼이 있다'는 심적 실재,

그리고 '건강한 사람의 간암'이라는 가능적 실재로 구분할 수 있어.

아까처럼 아래의 명제를 구분해 봐.
①나의 상상 속에는 이 세상 누구보다도 아름다운 여인이 있다.

②영수는 사랑 문제로 고민을 하고 있다.

③태호는 아름다운 마음을 가지고 있다.

④태현이는 희망이 있다.

⑤슬픔을 느끼게 하는 음악이 있다.

⑥소크라테스는 철학이 있다.

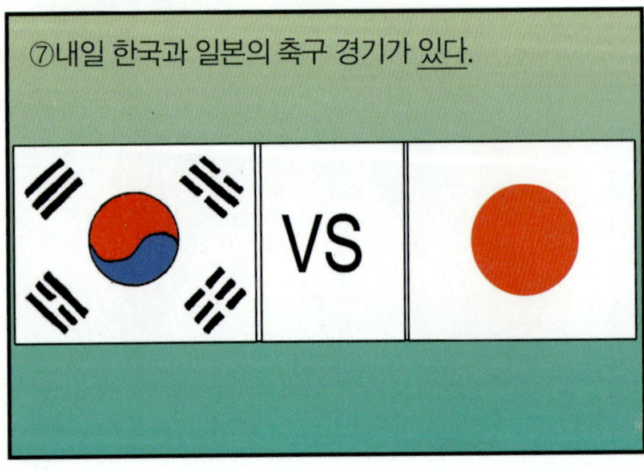
⑦내일 한국과 일본의 축구 경기가 있다.
VS

⑧용(龍)은 실제로 있다.

⑨우주에는 헤아릴 수 없을 만큼 많은 별이 있다.

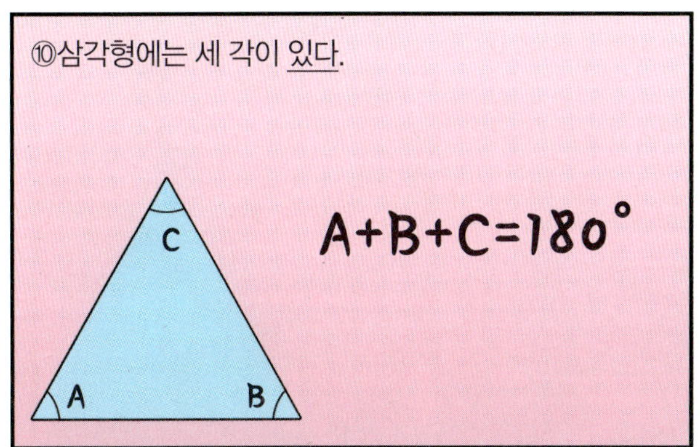

⑩삼각형에는 세 각이 있다.
A+B+C=180°
C
A
B

⑪영철이는 부모님의 사업이 번창하여 행복에 젖어 있다.
하하하
아아아

이 명제들 중 사실적 · 물질적 실재에는 ⑥⑦⑨, 이념적 실재에는 ①⑧⑩가 해당되고,

심적 실재에는 ②③⑤⑪, 가능적 실재에는 ④가 해당한다고 할 수 있어.

하지만 이것도 모범답안일 뿐이야. 사람에 따라 다르게 해석할 수도 있기 때문이지.
예쁘다.
눈썹이 없어서 안 예쁘다.

이제까지 '안다'는 것과 '있다'는 것에 대해서 살펴보았어. '있다'는 것과 '안다'는 것을 통해 '앎'이 형성되는 것이지.

이때 알고자 하는 나를 '주체'라 하고, 알려지는 대상을 '객체'라고 해.

문제는 이 알고자 하는 주체의 상태에 따라, 알려지는 대상이 다르게 인식된다는 사실이야.

왜 눈이 나쁜 사람이 안경을 쓰고 경치를 구경하는 것과 안경을 벗고 경치를 구경하는 것에는 차이가 생기는 것일까?

맛있는 사과라도 이빨을 닦고 나서 먹으면
오히려 쓴맛이 느껴지는 이유는 무엇 때문일까?

어른이 되면 시원하고 얼큰한 시래기 국이나
된장찌개를 더 좋아하게 되는 이유는 무엇 때문일까?

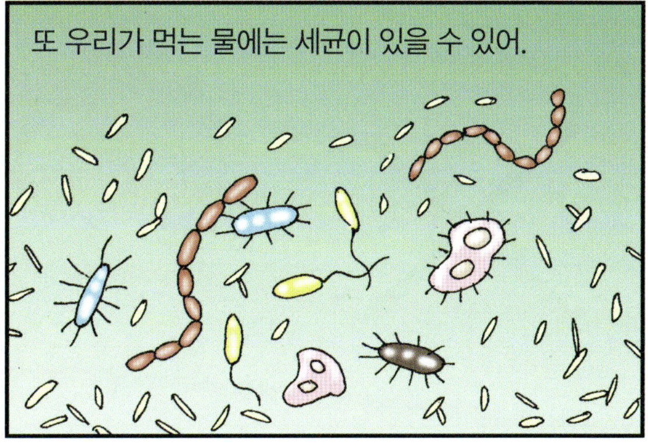

또 우리가 먹는 물에는 세균이 있을 수 있어.

하지만 우리는 아무것도 모르고 그 물을 마시고,

지금 우리의 건강에 아무런 문제가 없다면,

그 세균은 보이지도 않고,
우리의 건강에도
문제가 없으므로,

세균은 없다고 해야 할까,
아니면 있다고 해야 할까?

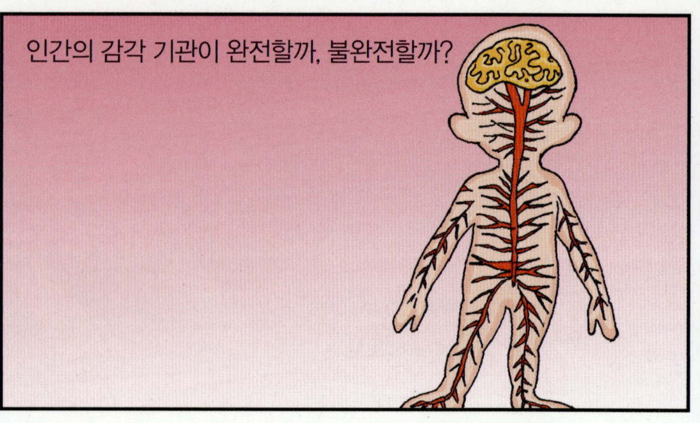

인간의 감각 기관이 완전할까, 불완전할까?

또 감각 기관이 불완전하다고 해서 모두 부정한다면,
사물을 어떻게 파악할 수 있을까?

우리는 모두 각자에게 적당한 색안경을
쓰고 있고,

그 안경으로 세상 사물을 분별하고
판단한다고 할 수 있어.

무엇을 알고
판단하는 행위를
'인식(認識)'이라 하는데,
크게 3가지 이론이 있어.

❶대응적 진리론:
어떤 주장이나 진술이 객관적으로 존재하는 대상과
사물·사건에 일치하면 참, 일치하지 않으면 거짓이라고
주장하는 인식 이론이야.
진리는 참 또는
거짓이다.

만일 내가 "머리 위로 비행기 한 대가
날아간다."고 말하면,

너희는 곧장 위를 쳐다보고,
내 표현이 정확한지를 확인할 수 있을 거야.

우리 머리 위의 하늘에 실제로 있는 대상에 대해 '비행기'란 단어가
그것을 정확히 기술한다는 사실에 동의한다면,
나는 비행기라고 해.

"머리 위로 비행기 한 대가 날아간다."는 나의 말은
사실과 일치하기 때문에 참이라고 할 거야.
비행기가 날아간다!

일상생활에서 무의식적으로 사용하는 게 이 대응설이야.

이 대응설에는 검증 가능성의 원리란 게 중요해.

• 검증: 검사하여 증명함.
• 가능성: 앞으로 실현할 수 있는 성질.

내가 본 비행기와 다른 사람들이 본 비행기가
똑같아야 한다는 거지.

비행기다!

결국 대응설은 경험을 통해 증명 가능한 것만이
진리라는 거야.

관념=실체
⇒진리.

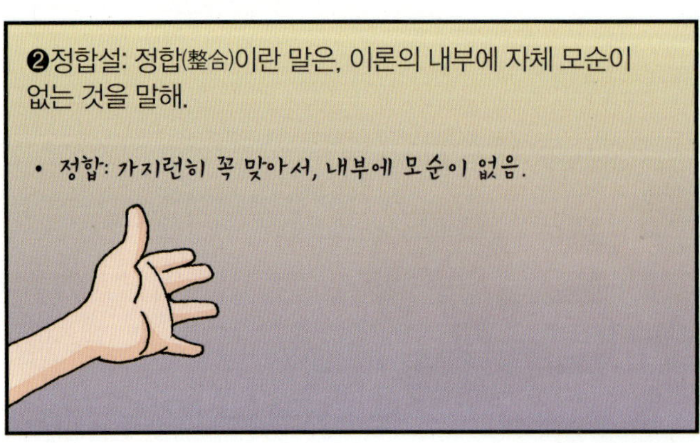

❷정합설: 정합(整合)이란 말은, 이론의 내부에 자체 모순이
없는 것을 말해.

• 정합: 가지런히 꼭 맞아서, 내부에 모순이 없음.

어떤 특수한 언명이나 명제는
그것이 기존의 지식 체계 내에서 다른 언명이나
명제들과 완전하게 정합될 때 참이고,

정합설은
대응설의
상대개념이라
할 수 있지.

말 그대로 지식체계 내에서 증명 가능해야만 진리라는 게 정합설이야.
신념=지식체계
⇒진리.

'1+1=2'인 까닭은 10진법의 수 체계에서 그렇게 약속했기 때문이며,

삼각형의 세 내각의 합이 180°가 되는 까닭은, 원의 둘레를 360°로 사람들이 약속한 데다,

삼각형의 세 내각의 합은 원 둘레의 반과 같은 각이기 때문에 180°가 되기 때문이야.
=180°

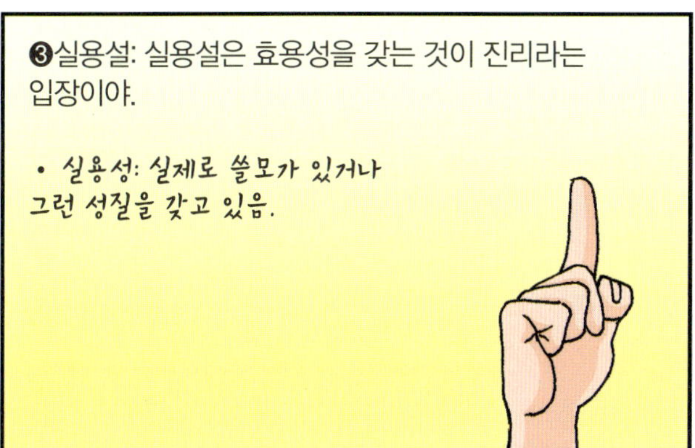

❸실용설: 실용설은 효용성을 갖는 것이 진리라는 입장이야.
• 실용성: 실제로 쓸모가 있거나 그런 성질을 갖고 있음.

진리냐 진리가 아니냐는 그 결과가 좋고 이로움이 있으면 참이고,
뭐 복잡하게 생각할 필요 있어?

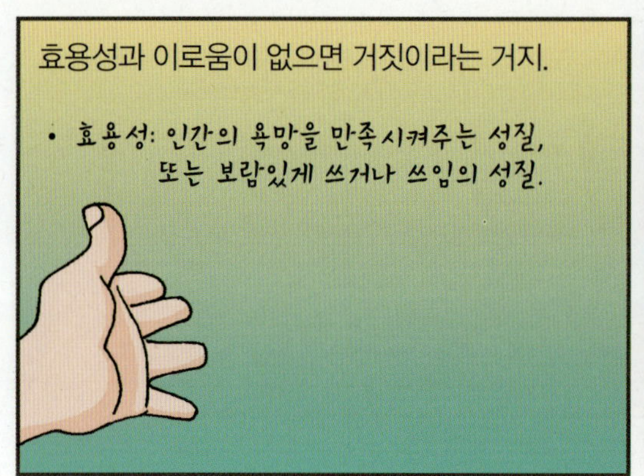

효용성과 이로움이 없으면 거짓이라는 거지.

• 효용성: 인간의 욕망을 만족시켜주는 성질,
　　또는 보람있게 쓰거나 쓰임의 성질.

때문에 실용주의적 진리론은 인간이 진리를
창조한다고 보는 점에서 인간 중심적이라 할 수 있어.

또한 진리는 있는 것을
'발견하는 것'이
아니라, 단순히
'발생하는' 법이지.

그런데 우리의 판단이
정말로 확실한 걸까?
이것에 대한
장자의 이야기를
하나 해 줄게.

하루살이와 메뚜기가 함께 놀았어.

저녁때가 되자 메뚜기는
'오늘은 그만 놀고 내일 또 놀자.'
고 말했지.

그러자 하루살이는
"얘, 메뚜기야, 내일이 뭐니?"
하고 물었어.

메뚜기는 캄캄한 밤이 지나면 다시 오늘과 같이 밝은 날이 오는데, 그것이 바로 '내일'이라고 설명해 주었지.

그러나 하루살이는 도무지 '내일'이란 말을 이해할 수가 없었어.
?

또 메뚜기와 개구리가 같이 놀았어.

신 나게 놀던 개구리는 메뚜기에게 이렇게 말했어.

"날씨가 추워지니 내년에 다시 만나자."

그러나 메뚜기는 '내년'이 무엇인지 알지 못했어.

개구리가 아무리 '내년'을 설명해도 메뚜기는 도무지 이해할 수가 없었어.
?

눈이 오고, 얼음이 얼고, 다시 봄이 온다고 말했으나, 일 년밖에 살지 못하는 메뚜기는 통 알아들을 수가 없었어.

하루살이가 ‘내일’을, 메뚜기가 ‘내년’을 모르는
이유는 무엇 때문일까?
?
?

‘내일’, ‘내년’을 경험하지 못했기 때문이야.
이 이야기가 의미하는 게 뭘까?

인간의 모든 판단은 자신의 경험과 능력,
그리고 아는 범위 안에서만 파악하고 인식한다는
점이야.
무엇에 쓰는
물건인고?

이제
각 인식론에
대한 비판을
살펴보자.

‘대응설’에 대한 비판은 이런 거야. 가령 하늘을 날아가는
어떤 물체를 보며 한 사람은 이렇게 말했고,
저건
비행기인가?

다른 사람은 이렇게 말했다면,
저것은 비행기가 아니라 매야!

과연 그들 중 누가 하늘을 날아가던 것에 대해 진짜로
정확하게 기술하고 있는지 판단할 수 있느냐는 것이지.

적합성: 알맞게 들어맞는 성질

'진리는 정합 관계를 의미한다.'는 최초의 진리는 어디에서 유래하며,
정합설

그것의 진리 값은 무엇에 기준을 두어 판단하느냐는 거야.
정합설

여러 다양한 경험의 영역으로부터 명제들을 통합하고자 할 때, 역시 통일된 의견에 도달하지 못한다는 비판을 받아.
정합설

종교적 세계관의 '천동설(天動說)'과 과학적 세계관의 '지동설(地動說)'의 입장이 공존할 수도 있다는 사실이 그것을 반증하는 거야.
반증

분명히 경험적으로는 천동설이 옳은 것 같은데,
우주는 지구를 중심으로 돈다.
지구가 우주를 중심으로 도는 것이다.

과학의 발전으로 인해, 이성적으로는 지동설이 옳으니까 말이야.

세 번째로 '실용설'의 문제는, 많은 사람들이 진리를 잠정적이고 가변적인 것으로 간주하는 데에 완전히 만족하지도, 인정하려 하지도 않는다는 사실이야.
실용설

'인류는 모든 만물의 척도가 아니며, 진리는 인간의 틀리기 쉬운 판단에 기초한 것'이라고 단정하기엔 설명할 수 없는 부분이 많지.

왜냐하면 인간에게 유용한 것이어서 진리인 게 아니라, 진리이므로 우리에게 유용한 것이기 때문이야.

유용한 것만을 추구하던 폐혜는 환경 파괴 등 여러가지 문제로 이미 단점을 드러냈지.

다음 장에서는 '존재론'이라고 할 수 있는 정신과 물질의 관계에 대해서 살펴보자.

여우와 신포도

『이솝우화』에는 유명한 「여우와 신포도」 이야기가 실려 있어요.

굶주린 여우가 어느 날 포도송이가 잘 익어 주렁주렁 매달려 있는 포도밭으로 몰래 숨어들었어요. 그런데 포도송이가 너무 높이 달려 있어서 여우는 포도를 따 먹을 수 없었어요. 어떻게든 거기에 닿아 보려고 훌쩍 뛰고, 잠시 쉬었다가 다시 훌쩍 뛰어 보았지만 모두 헛일이었죠. 마침내 여우는 완전히 지쳤고 이렇게 외쳤습니다.

『이솝우화』의 작가 이솝.

"아무나 딸 테면 따라지! 저 포도는 시단 말이야."

그런데 이 「여우와 신포도」의 또 다른 이야기가 있답니다.

여우는 포도를 땄어요. 그런데 그 포도는 달콤한 게 아니라 정말로 시었죠. 그런데도 여우는 그 포도를 맛있게 먹는 척 할 수밖에 없었어요. 왜냐하면 이 포도가 시다고 말하면, 동료 여우나 다른 동물들이 여우가 자기 혼자만 먹으려고 거짓말을 한다고 생각할까 걱정했기 때문이죠. 그리하여 여우는 그 신포도를 아주 달콤하고 맛있는 듯이 먹고 또 먹다가, 위궤양에 걸려 죽었대요.

실제로 사람들은 자신이 이루지 못한 일에 대해서는 그 일을 해 보았자 아무런 도움도 안 될 거라고 이야기하면서 자신의 무능력을 변명하고 방어해요. 먼저 등장한 「여우와 신포도」 이야기가 이 점을 꼬집은 것이라면 뒤에 등장한 이야기는 다른 사람들의 시선에 노예가 되어 있는 현대인의 모습을 비꼰 것이라 할 수 있어요. 남들 보기에 좋아 보이기 위한 과시효과나 형식을 중요하게 여겨 실질적인 측면에서 손해를 많이 보는 경우를 비유한 거예요.

프랑스의 철학자 사르트르(Jean-Paul Charles Aymard Sartre, 1905년~1980년)는 '타인

은 지옥이다'라는 말을 했어요.

　사람들은 남과의 비교를 통해서 자신을 돌아봐요. 다른 '얼짱', '몸짱', '마음짱' 친구를 보면서 자신의 초라함을 체험하는데, 이 경우가 '타인은 나의 지옥'인 거예요. 타인이 없다면 나는 그저 편하게(?) 세상모르고 살 수 있었을 테니까요. 대통령

프랑스 실존주의 철학자이자 작가 장 폴 사르트르.

은 대통령이기 때문에 하고 싶은 일을 못하고, 연예인은 팬들의 시선 때문에 먹고 싶은 것 못 먹고 자고 싶을 때 못 자며 자기 관리를 해야 하죠. 연예인에게 있어서 팬들은 지옥이기도 한 거예요.

　"타인은 지옥이다."라는 말은 다른 사람을 보고 자기를 돌아본다는 뜻이에요. "타인이 나를 어떻게 볼까?"라는 생각 때문에 세계를 다시 바라보고 내 자신을 볼모로 잡아 놓고, 타인의 시선으로 내 존재를 바라보고 평가하죠. 이 경우 나는 언제나 초라하고 비참하고 능력 없는 바보 같은 사람이 되어 버려요. 이런 의미에서 타인이 지옥인 거예요.

　그런데 과연 타인이 지옥이기만 한 것일까요? 오히려 타인이 천국이고 희망일 수는 없을까요? 선택은 우리들이 하는 거예요. 어떤 생각을 갖고 어떤 생활을 할까 선택하는 것은 우리의 몫입니다. 왜냐하면 아무도 대신 살아줄 수 없는 우리 각자의 인생이니까요.

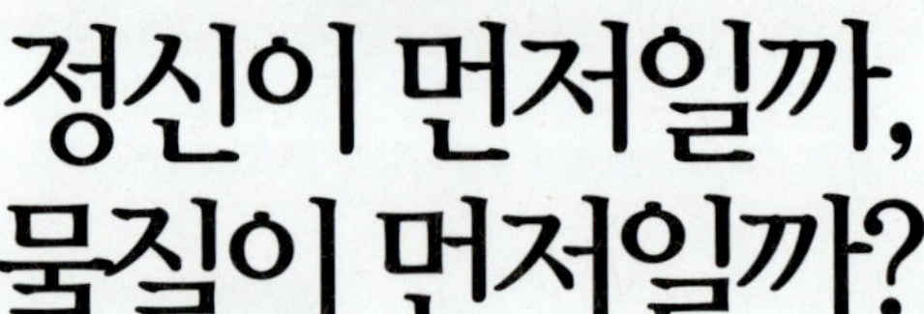

8장
정신이 먼저일까,
물질이 먼저일까?

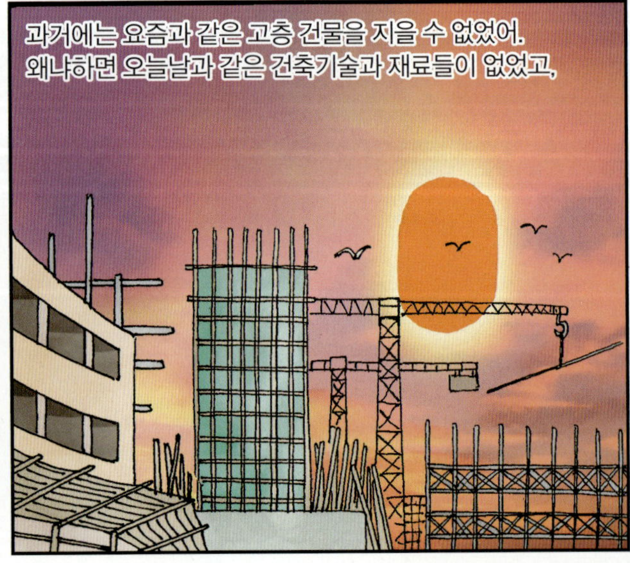

크레인, 헬리콥터, 자동차 등의 장비도
없었기 때문이지.

오늘날에는 이런 재료들이 있기에 고층 건물을
지을 수 있어.

과거 고대 그리스나 로마 시대에는 불가능했던 일들이지.
물질적 발달이 있었기 때문에,

그 물적 기초를 토대로
발전이 이루어진 거야.
쾅
광산

콘크리트와 철근,
강철 등의 발달로

그것들을 기초로 한 건설을 할 수 있었어.
시멘트
시멘트
시멘트
멘트

만약 나무만 있다면 그 나무로만 할 수 있는 건축을 했을 거야.

자, 그럼 '유물론'과 '유심론'에 대해 이야기해 볼까?
이 개념들은 철학의 '존재론'에 등장하는 말들이야.
나는 어떻게 존재하는가?

지금 이 책은 존재하고 있고,
나도 시공을 초월해서 존재하고 있지.

또한 이 책을 읽고 있는 너희와 너희의 정신도 존재하고 있다고 할 수 있어.

철학의 역사를 통틀어, 이 '존재'에 관한 고민은 늘 계속되어 왔어.
……
……
……

존재론이란, '왜 이 우주에는 그 무엇인가가 존재하는가?'

'존재하는 건 과연 정신인가 물질인가, 아니면 둘 다인가?'를 다루는 철학의 분야야.

이 존재론은 인식론과 깊은 관련이 있어.
존재의 시초는 무엇일까?

인식론이란 무언가를 아는 걸 말하는 거야.

무얼 안다는 건 대상이 갖고 있는 특징 때문일까, 아니면 우리 두뇌의 정신활동으로 만들어지는 개념일까?

이 인식론과 존재론이 합쳐져서 나온 질문이, '인간은 정신인가, 육체인가, 아니면 정신과 육체 둘 다인가?'야.

동서양은 예로부터 세상을 보는 두 가지의 틀이 있는데,

동양에서는 '이(理)'와 '기(氣)'이고, 서양에서는 '유심론(spiritualism)'과 '유물론(materialism)'이야.
성리학
자본론
메논

'이(理)'는 이치, 이법, 법, 법칙, 규범, 가치, 당위, 도덕 등의 의미를 갖고 있고,
'이(理)'는 말 그대로 이치이며 법칙이다.

'기(氣)'는 기운, 생명력, 물질적 재료 혹은 바탕, 질료, 에너지, 힘, 이런 의미를 갖고 있어.
'기(氣)'는 '이'가 구체화 된 것이라 할 수 있지.

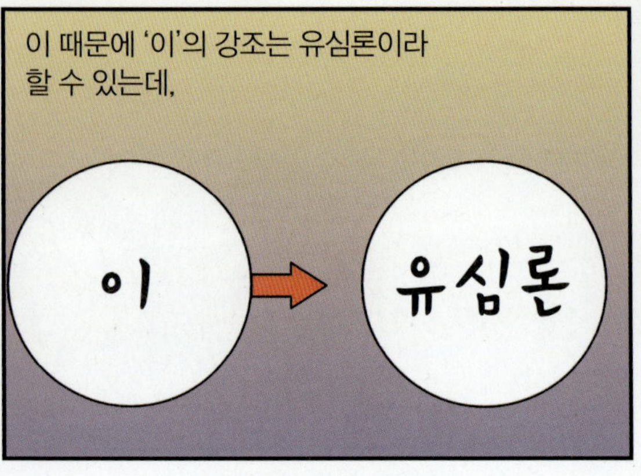

이 때문에 '이'의 강조는 유심론이라 할 수 있는데,
이
유심론

집의 설계도와 인간의 정신이 먼저라고 하는 입장이야.
'정신'이 있어야 '사물'도 있는 것이다.

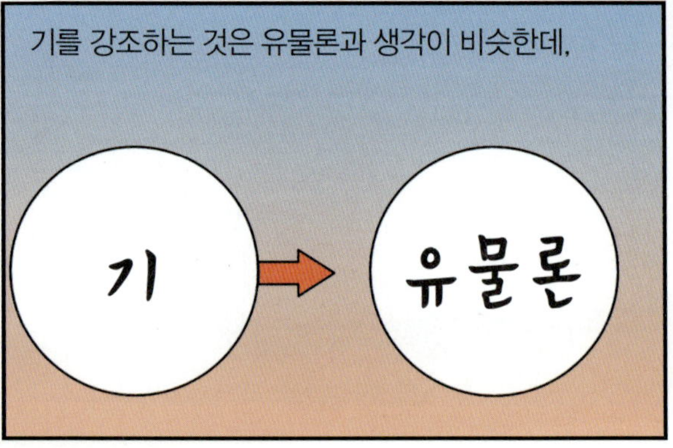

기를 강조하는 것은 유물론과 생각이 비슷한데,
기
유물론

집을 지을 수 있는 물적 토대가 먼저라고 생각하는 거지.
'사물'이 있어야 '정신'도 있는 것이다.

그렇다면 이러한 유물론, 유심론을 동양 사상에 곧바로 적용시킬 수 있을까?

결론적으로 말하면, 꼭 그렇다고는 할 수 없어.
???

왜냐하면 동양 사상에서는 이 세계가 구제해야 할 대상이 아니었기 때문이야.

유물론과 유심론의 구분은 어디까지나 서양의
형이상학 전통에 바탕을 두고 있어.

형이상학은 눈으로 보고 듣고 만지고 느낄 수 있는
경험 세계를 초월하여 그 너머에 있는 본질과 원리를
탐구하는 학문이야.

물을 담은 비이커에 젓가락을
담그면 젓가락이 꺾여 보이고,

평행한 철길이 마치 저 끝에서
만나는 것처럼 보이지.

서양의 철학과 과학은 이런 불완전한
현상의 세계를 구제하는 것을 목표로
삼아왔어.

……

자기가 존재하기 위해서 그 누구에게도
의존하지 않는 그런 존재가 있을까?

우리가 존재하기 위해선 아빠와 엄마가 있어야 하고,
할아버지와 할머니가 있어야 하겠지.

실체: 늘 변하지 않고 일정하게 지속되면서 사물의 근원을 이루는 것.

'내용'과 '형식'이란 철학 용어도 이야기를 통해서 알아보자.
내용과 형식

유대인들의 사랑과 배움의 연구서인 『탈무드』란 책을 아니?
탈무드

그 책에는 대단히 지혜롭지만 얼굴이 못생긴 랍비(유대인의 스승)와 로마제국의 공주에 관한 이야기가 있어.

공주는 어느날 랍비에게 이렇게 말했어.
"총명한 지혜로움이 이렇게 못난 그릇에 담겨 있군요."

그 얘기를 들은 랍비는 전혀 화를 내지 않고 공주에게 물었어.
"공주님, 이 왕궁 안에 있는 진기한 술은 어떤 곳에 담아두나요?"

"보통 항아리나 주전자 같은 데 담아 두죠."

랍비는 공주의 대답에 깜짝 놀라는 척하며 말했어.
로마제국의 공주님께서 금이나 은그릇도 많을 텐데,

왜 보잘것없는 항아리 같은 것을 사용하시나요?

그러자 공주는
모든 술을 금그릇이나 은그릇에 옮겨 놓아라!

보잘것없는 항아리에 들어 있던 술을 모두 옮기라고 명령했지.

그러자 황제는 몹시 분노하며 소리쳤어.
술맛이 왜 이러느냐? 누가 술을 이런 데다 담아 놨느냐!

자신의 어리석음을 깨달은 공주는 황제에게 자신이 한 것을 고백했지.

그리고는 랍비에게 찾아가 물어 보았어.

랍비님, 당신은 어째서 나에게 이런 일을 하도록 하였지요?

공주에게서 진실한 반성의 빛을 본 랍비는 말했지.

아무리 귀중한 물건이라도, 때로는 보잘것없는 그릇에 담아 두는 게 나을 수도 있다는 걸 가르쳐 드리고 싶었습니다.

이 이야기는 사람을 겉모습만 보고 판단하지 말라는 거야.

외모가 못생겼다고 해서 그 마음과 머릿속에 들은 것도 형편없을 거라고 생각하는 건 잘못이란 거지.

이 세상 모든 것들은 그것을 나타내는 형식과 내용이 있어!

형식은 사물이 외부로 나타나 보이는
모양을 이야기하기도 하고,

일을 할 때의 일정한 절차나 양식, 또는 한 무리의
사물을 특징짓는 데에 공통적으로 갖춘 모양을 말해.

그러니까 랍비의 이야기에선
랍비의 생김새와 항아리가 형식이야.

이에 비해 내용은 그릇이나 포장 안에 든 것을 말하거나,
사물의 속내를 이루는 것,

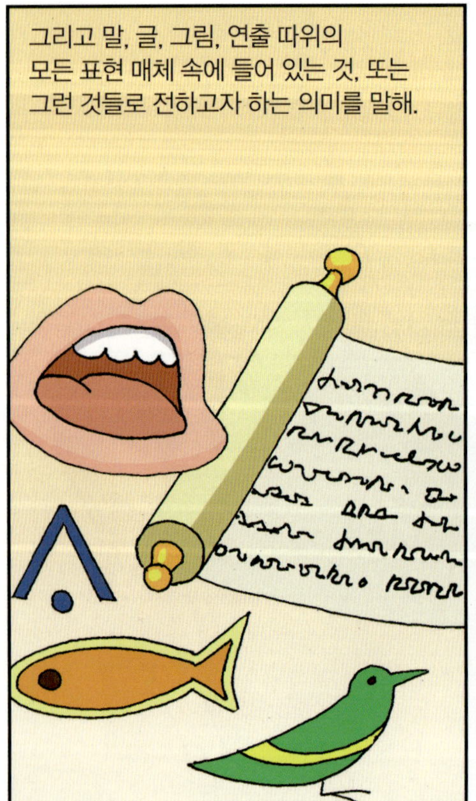

그리고 말, 글, 그림, 연출 따위의
모든 표현 매체 속에 들어 있는 것, 또는
그런 것들로 전하고자 하는 의미를 말해.

그러니까 랍비의 몸 속에 갖고 있는
정신과 지혜 같은 것이 내용이라 할 수 있지.

랍비의 몸은 형식이고,
그 몸 속에 들어 있는 지혜와 마음이
내용이란 얘기야.

마찬가지로 공주의 몸은 형식이고, 그 정신은 내용이야.

금그릇, 은그릇과 항아리는 형식이고, 그 속의 술은 내용이지.

내용과 형식의 문제는 철학이나 모든 학문, 또 인간의 모든 생활에서 대단히 중요한 문제야.

이 책을 다 읽을 때쯤이면 여러분도 이해할 수 있을 거야.

다음 장에서는 신이 과연 존재하는지에 대한 논쟁을 살펴보자.

궁극의 착한 존재인 신이 존재한다면, 왜 이 세상은 이렇게 선과 악이 공존하고 있을지를 생각해 보자.

진리 한 조각

악마들이 길을 걷다가 진리 한 조각을 주은 사람을 보았어요. 우두머리 악마는 아주 만족해하며 못 본 척하고 지나쳤는데, '진리를 얻게 되면 악마들이 설 자리가 없어지는 것 아냐?'라고 생각한 졸개 악마가 우두머리 악마에게 물었어요.

"저 사람이 진리 한 조각을 가져가는 걸 그대로 두고 보실 겁니까?"

"놔둬라. 저 사람은 자신이 얻은 진리 한 조각이 세상의 모든 진리라고 세상에 설파할 것이다."

철학의 분과학문 중 하나인 '형이상학'에 대해서 앞서 설명했어요. 형이상학은 보이는 현실 세계를 있게 한 원리와 질서를 탐구하는 분야지요. 형이상학에서는 눈에 보이지 않는 세계의 문제들을 탐구해요. "왜 무언가가 존재하고 있는가?" "존재하고 있는 사물의 뒤에는 무엇이 있는가?"라는 존재론적 질문과, "신은 과연 존재하는가?" "인간은 자유로운 존재인가? 혹은 죽은 후에도 삶이 있는가?" 등의 문제를 던지지요. 여기서의 질문은 결정적으로 "인간은 무엇인가?"로 압축할 수 있어요.

'형이상학'의 개념을 만든 아리스토텔레스.

그렇다면 철학이 신학과 과학과는 어떤 공통점과 차이점이 있는지 다시 한 번 살펴볼까요? 이들의 공통점은 인간의 궁금증과 호기심에서 비롯된 여러 가지 의문을 설명한 학문이란 거예요. 봄·여름·가을·겨울의 사계절의 변화가 왜 일어났는지, 인간은 왜 생로병사를 겪는지, 죽음 뒤의 세상에는 어떤 것들이 있는지 등등에 대한 궁금증을 각자의 방법대로 해설하려고 노력했지요. 다만 각자의 방법이란, 철학은 인간의 이성을 기초로 하고 신학은 인간의 믿음과 감성으로, 과학은 증명할 수 있는 경험적이고 구체적 사실들로 설명한 거예요.

하지만 신학은 전통이나 계시와 같은, 단정내릴 수 없는 방법으로 설명을 하

는 반면, 철학은 과학적 해석과 설명으로 풀이하려고 한다는 차이가 있었죠.(그래서 철학은 신학과 과학의 중간적 위치에 있다고 볼 수 있는 거예요.)

신학과 철학, 철학과 과학의 대칭적 언어의 조합은 이들의 성격이 공통점과 차이점이 있다는 것을 말하는 것이지요. 『중세철학사』(정의채, 김규영 공저, 벽호, 1994)에 실려 있는 내용을 보며 더 명확하게 이해해 봐요.

중세 기독교 미술 양식인 스테인드 글라스(호주의 성요한성당).

"사실 신학이나 철학이 각각 다른 진리를 고려하고 있지만, 어떤 경우에는 둘이 같은 진리를 고려하며, 그 고려하는 방식이 다를 뿐이다. 즉 신학자는 계시된 것으로서 고려하는데, 철학자는 그것을 인간의 추리과정의 한 결론으로 생각한다. 예컨대 철학자는 신(神)을 창조자로 논의하는데, 신학자도 역시 신을 창조자로 논한다. 그러나 철학자에게는 창조자로서의 신의 지식이 순전히 이성적인 논의의 결론으로서 나온다. 하지만 신학자는 신이 창조자라는 사실을 계시로부터 받아들인다. 그래서 신학자에게는 그것이 결론이라기보다 '전제(前提)'인 것이다. (중략) 말하자면 같은 진리가 신학자나 철학자에 의해서 선언되어질 수 있다. 그러나 거기에 도달하는 방도나 그것을 고려하는 방식은 신학자의 경우와 철학자의 경우가 다른 것이다. 그러므로 학(學)이 같지 않다 하여 아주 같은 대상을 다루어서는 안 된다는 이유가 없다. 신의 계시의 빛에 의해서 알려진 것을 철학이 자연의 이성의 빛으로써 알 수 있는 것 나름으로 다룰 수 있는 것이다."

9장
신은 존재하는가?

사람의 개성을 만드는 것은 무엇일까?
사람의 뇌와 개성은 어떤 관계가 있을까?

오래 전, 사람들의 인권이 지금처럼 존중받지 않았던 시절에 미국의 한 의학 연구소에서 뇌와 육체의 관계를 알기 위해 실험을 했어.

인간은 물질적 존재일까, 정신적 존재일까?
아니면 둘 다일까?

연구팀은 교도소를 방문해 사형수들을 모아 놓고 제안했어.

사람의 몸에서 피가 어느 정도 나오면 죽는가에 대한 실험이며, 이 실험에 응하면 가족들에게 100만 달러를 주겠다고 했지.

그리고 실험 방법에 대해 미리 설명해 주었어.
먼저 몸의 네 군데 동맥을 절단하고 피를 양동이에 받을 것입니다.

몸 안에 남아 있는 피의 양을 검사하면서, 피가 얼마나 빠져 나가야 의식을 잃는지, 또 심장이 멈추는지 등을 조사할 거예요.

"그러나 마취를 하기 때문에 전혀 아픔을 느끼지 못할 겁니다."
HOSPITAL

그러자 세 명의 지원자가 나섰어.

연구팀은 그들을 수술대에 눕혀 팔과 다리를 묶고는, 수술에 쓸 도구라며 양동이와 칼을 보여 주었어.

그리고는 그들의 눈을 가린 상태에서
일종의 연극을 하면서,

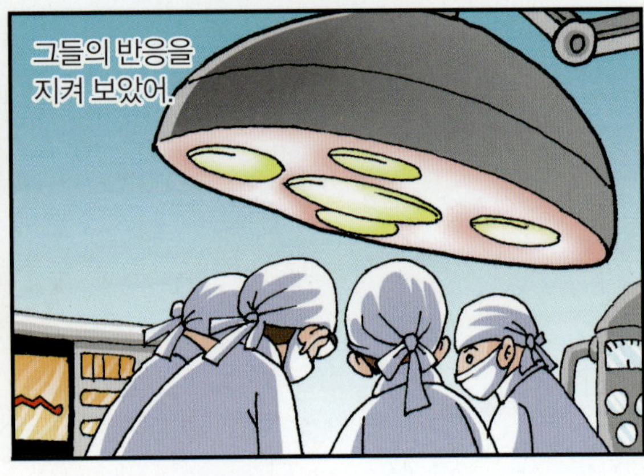

그들의 반응을
지켜 보았어.

사형수들은 두려움과 공포로
연극인 것을 전혀 알아차리지 못했지.
부들 부들

마치 피가 떨어지는 소리인 것처럼
물을 이용한 효과음을 주었고,
쪼르르록

의사가 분위기를
띄우기 위해
소리치기도 했지.
간호사,
피가 아직 덜 나오니까
심장을 더 세게
눌러 봐요!
덜 덜

이 실험으로 인해 세 사람은
모두 죽었어.

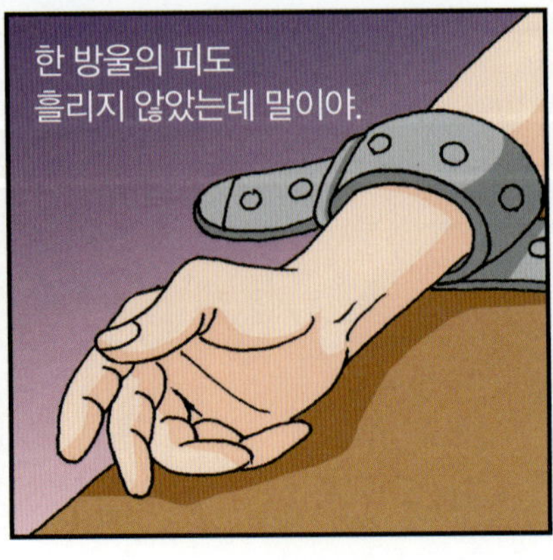

한 방울의 피도
흘리지 않았는데 말이야.

이것이 바로 뇌의 신비한
시스템이야.

사형수들은 사실 여부와 상관없이 자기들이
죽을 것이라고 생각했기 때문에 죽은 거야.

뇌에 어떤 정보가 들어오느냐에 따라
엄청난 생리적 변화가
일어나지.

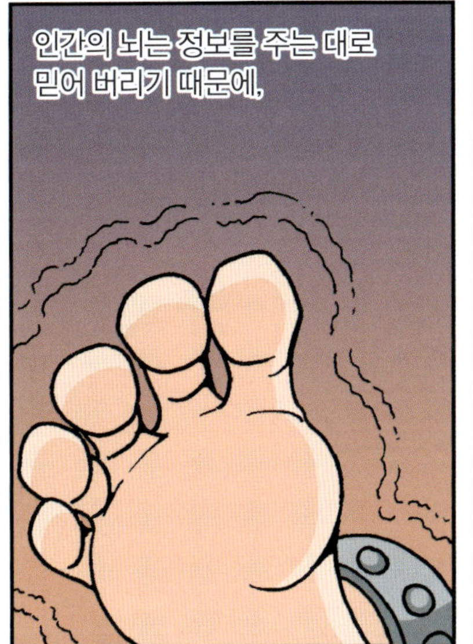

인간의 뇌는 정보를 주는 대로
믿어 버리기 때문에,

상상 속의 일이 현실에서도
그대로 이루어 질 수도 있어.

오래 전 우리나라 신문에 아주
흥미로운 기사가 난 적이 있어.
휙

반신마비로 꼼짝 못하고 누워만 있는
중풍 환자들의 병실에 커다란 뱀 한 마리가
나타났는데,

뱀을 발견한 순간, 움직이지도 못하고 누워만 있던 환자들이
벌떡 일어나 병실 밖으로 달려 나갔대.

그 자리를 피하지 않으면 안 된다는
절박한 마음이 뇌로 전해져,

뇌가 작용을 해서 실제로 달려 나갈 수가
있었던 거야.

정지된 차 안에 앉아 있을 때 옆의 차가 움직이면
자기가 탄 차가 움직이는 줄 알고
깜짝 놀라는 경우가 있지.

심한 화상을 입은 환자에게 최면을 걸어 안도감을 갖게 함으로써
치료에 도움을 주는 방법도
뇌의 작용과 관계가 있어.

최면에 걸린 사람에게 조약돌을 쥐어 주고는 그것을
뜨거운 석탄이라고 말하면 그 사람은 실제로 화상을 입기도
한대.
'인간은 근본적으로 육체일까, 영혼일까?
아니면 둘 다일까?'

과학(科學)에서는 이걸 밝히기 위해 뇌과학 분야의 연구가 활발하게 이루어졌지만,

인간의 뇌가 컴퓨터의 중앙처리장치 이상의 능력을 갖고 있는 것만을 밝혀 냈을 뿐이야.

'도대체 나는 누구며, 무엇일까?'

'이 우주는 어떤 목적을 가지고 있는 것일까?'

'신(神)은 정말로 존재하는 것일까?' 등에 관한 논쟁을 '보편논쟁'이라고 해.
보편논쟁

보편 논쟁은, 아리스토텔레스가 그의 스승 플라톤의 이데아론을 반박할 때, '보편에 대한 문제'라는 말을 처음으로 사용하면서부터 등장했어.

논쟁의 핵심은 인간의 생각 속에 있는 대상과 생각 밖에 실제로 존재하는 사물들을 어떻게 연결시키느냐 하는 것이었어.

이 문제는 철학사 전반을 통해 중요한 논쟁거리였고, 특히 중세시대에 최고조에 달했어.

우리는 흔히 '나무', '분필'과 같은 보편적인 말을 쓰지만,

실제로 우리가 관찰하는 것은 개별적인 '이 나무'나 '저 분필'이야.

그렇다면 보편적인 나무(보편자)는 무엇인가라는 의문이 생기잖아?
?
은행나무
소나무
전나무
미류나무

어떤 철학자는 보편자가 우리의 마음속에 있는 관념일 뿐이라고 하고, 또 어떤 철학자는 실재적인 것이라고 하고,

어떤 철학자는 단지 이름일 뿐이라고 해.

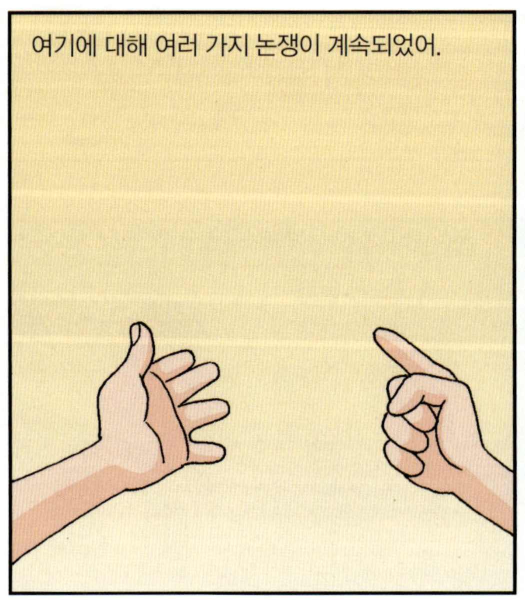

여기에 대해 여러 가지 논쟁이 계속되었어.

보편은 단순한 명칭이며, 실재하는 것은 오직 개별 사물과 존재물이라는 '유명론'이 있고, 보편이 실재 안에 실체(實體)로서 존재한다는 '실재론'이 있어.
보 편

또 이 양극론(兩極論) 중간에는 '보편은 언어(言語)'라는 입장이 있어.
즉, 보편은 실재하는 존재자가 아니라, 존재하는 각 개물(個物)에 대하여 '말해지는 것'이다.

'나무'라는 개념은 뜻으로서 존재하는 것이고, 실재하는 '각 나무들'은 이 '나무'라는 개념을 반영하는 것이라는 입장이지.

여기서는 '존재하는 나무'를 파악하고 인식하기 위해서는 '나무라는 개념'을 통해서 가능하다는 입장이 성립되는 거야.

이것은 다시 실제로 존재하는 것은 무엇이며(형이상학의 존재론), 우리는 그것을 어떻게 알 수 있는가(인식론)의 두 가지 질문으로 요약할 수 있어.
따라서 형이상학은 인식론과 밀접하게 연관될 수밖에 없어.

이제 형이상학의 백미(白眉)랄 수 있는, 신(神) 존재 증명을 살펴보자고.
'백미'는 '흰 눈썹'이라는 뜻으로, 여럿 가운데에서 가장 뛰어난 사람이나 훌륭한 물건을 이르는 말이야.

크세노파네스(기원전 570년경~기원전 480년경)

크세노파네스는 마치 인간들처럼
시기하고 질투하는,

너무나도 인간적인 그리스의 신(神)들에 대해
공격했어.

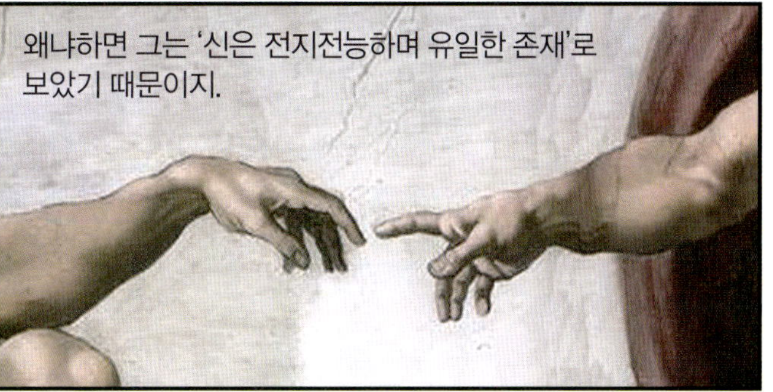

왜냐하면 그는 '신은 전지전능하며 유일한 존재'로
보았기 때문이지.

신이 존재한다는
'신(神) 존재 증명'을
몇 가지 소개할게.

먼저 '우주론적 논증'이야. 내가 있으려면 나의 아버지와 어머니가
계셔야 할 것이고, 아버지와 어머니가 존재하려면 할아버지와
할머니가 존재해야 해.

그렇다면 최초의 인간은 누구일까?
나?

창조론을 주장하는 기독교에선 '아담'과 '이브'가
최초의 인간이었지.

성경에 의하면 아담과 이브가 존재하기 위해선 흙이 있어야 할 것이고…….

최초의 인간과 유사한 종(種)은 오스트랄로피테쿠스라고 해.

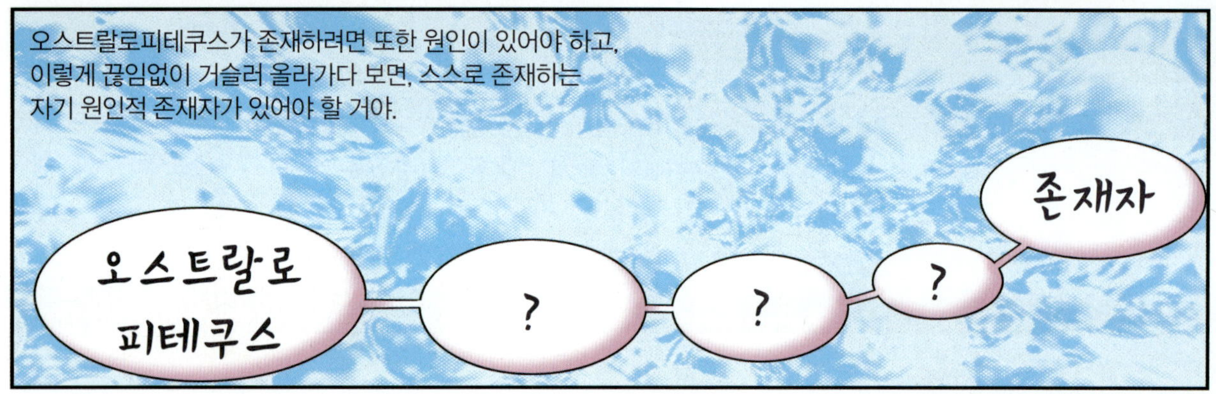

오스트랄로피테쿠스가 존재하려면 또한 원인이 있어야 하고, 이렇게 끊임없이 거슬러 올라가다 보면, 스스로 존재하는 자기 원인적 존재자가 있어야 할 거야.
오스트랄로피테쿠스
?
?
?
존재자

그 존재자는 무엇이든지 알고 무엇이든지 할 수 있으며 오로지 착하기만 한 전지전능전선(全知全能全善)의 신(神)일 수밖에 없겠지?

그 제 1원인으로 신이 존재한다는 것이 우주론적 논증이야.

하지만 '그 제 1원인이 물질 에너지가 아니라 꼭 신이어야만 하는가?'라는 질문에 대해서는 명확한 답을 내리지 못하고 있지.

두 번째인 '존재론적 증명'은, 신은 가장 완전한 존재이기 때문에 실제로도 존재한다는 거야.

'신이 존재하지 않는다'고 말하는 것 자체가 모순이라는 증명이야.

그러나 존재론적 증명에 대한 비판은, '인어(人魚)'나 '유령(幽靈)'이라는 말이 있다고 해서 그들이 존재하는 것은 아니라는 거야.

달리 말해서, 신이란 존재를 전제하고 그 전제의 특성을 이야기함으로써 존재한다고 하는 언어 유희라고 할 수 있지.
인어나 유령과 신의 존재는 어떻게 다른가?

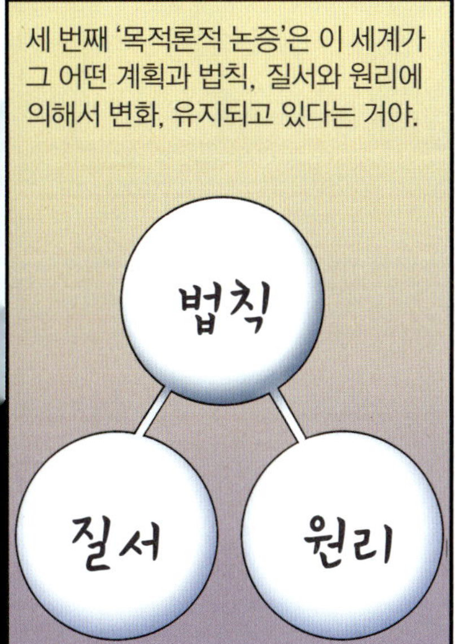

세 번째 '목적론적 논증'은 이 세계가 그 어떤 계획과 법칙, 질서와 원리에 의해서 변화, 유지되고 있다는 거야.
법칙
질서
원리

봄 · 여름 · 가을 · 겨울의 4계절의 변화는 너무도 놀랍잖아.

이건 오직 전지전능한 신(神)만이 할 수 있는 일이기 때문에,

따라서 신은 존재한다는 입장이
'목적론적 증명'이야.

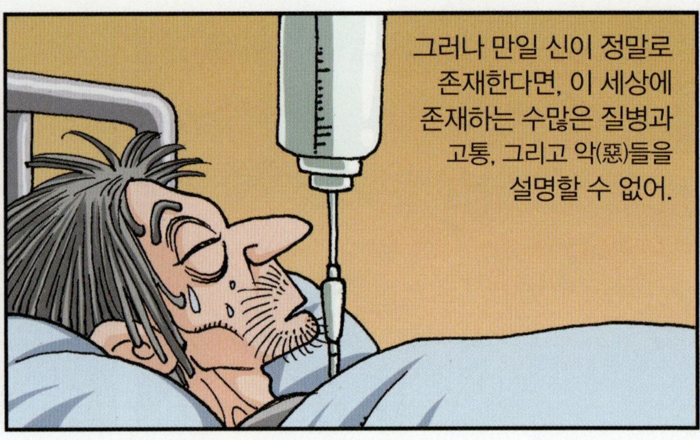

그러나 만일 신이 정말로
존재한다면, 이 세상에
존재하는 수많은 질병과
고통, 그리고 악(惡)들을
설명할 수 없어.

왜냐하면 이들은 세계의 불완전성을
나타내는 것인데,

완전한 신이 창조한 이 세계가 불완전하다는 건
말이 맞지 않거든.

네 번째, '상식적 논증'은 인류 역사상 어떤 장소,
어떤 시대에 이루어진 어떤 문명이라도
모두 나름대로의 종교적 형태의 유일신,
또는 다신(多神)에 대한 개념이
있다는 거야.

이것은 신이 존재한다는 것을 보여 주는
상식적 사실이라는 것이지.

만약 신이 존재하지 않는다면 어떻게 그 오랜 세월 동안 그 많은 민족에게서 그토록 다양한 형태의 신이 나타났을까?

이는 신이 분명히 존재하며, 다만 시대와 상황, 그리고 민족마다 표현하는 방식이 다를 뿐이라는 거야.

그러나 마술, 지구의 편평함, 꿈의 초자연적인 기원 등에 대한 상식적 논증의 신념은 과학의 발전과 함께 사라졌어..

다섯 번째로, 모든 사람들에게 있는 도덕적 양심의 원천으로 신이 존재한다는 '도덕적 증명'이 있어.

하지만 개개인의 선한 행동이 초자연적인 본성이 아니라,
으르릉

사회 환경에서 교육받은 규범과 의식 때문이기도 한 것을 간과하고 있지.

신과 세상을 바라보는 세계관

"만일 소와 말이, 그리고 사자가 손을 가졌거나, 그들의 손을 가지고 그림을 그릴 수 있고, 인간들이 하는 일을 행할 수 있다면, 말은 신의 모습이 자신들을 닮도록, 소는 소의 모습으로 그리고 신들의 몸을 그들 각자가 가지고 있는 형태에 따라서 만들었을 것이다." (크세노파네스)

고대 그리스의 철학자이자 시인인 크세노파네스.

고대 그리스의 철학자 크세노파네스(기원전 570년경~ 기원전 480년경)는 인간들처럼 사랑하고 미워하고 질투하며 싸우는 그리스 신들의 모습이 불만이었어요. 또한 헤시오도스의 『신통기』와 호메로스(기원전 800년경~기원전 750년경)의 『일리아드』『오디세이』의 서사시에 나타난 신들의 모습에 화가 났죠. 왜냐하면 그들의 이야기에 나타난 신의 모습이 너무나 인간적이었기 때문이에요.

고대 그리스 신화에서 신(神)은 인간의 모습을 하고 인간의 감정을 느끼고 인간처럼 행동해요. 또한 다양한 신들이 존재하며 서로 관계를 맺고 있죠. 크세노파네스는 이러한 그리스의 전통적 신관을 비난하며, 신은 전체이자 하나이고 영원한 것이라고 주장했어요.

신화와 철학은 둘 다 세계를 바라보는 세계관이라 할 수 있어요. 이 세계를 긍정적인 관점으로 바라보면 천국이 될 수 있고, 부정적인 관점으로 바라보면 지옥이 될 수 있죠. 이 세상을 어떻게 이해하고 받아들이느냐를 고민하는 학문이 철학과 신화예요. 이 둘 모두는 언어가 출현한 이후에 성립됐죠.

아주 오래 전 벼락치고 천둥치는 이 세계는 공포와 두려움의 대상이었어요. 해석 불가능한 세계에 대해서 그들 나름의 방식대로 기억하기 위해 주술이 탄생하지요.

이러한 주술적 행위들이 사냥에 도움을 준다고 원시인들은 믿고 살았을 거예요. 그리고 세월이 흘러 언어와 문명이 발달하면서, 이러한 주술적 행위는 정당성을 갖기 위해 점차 체계화되고, 사회의 유지와 발전을 위해서 대의명분과 도덕성을 갖추게 되지요.

이후 신화는 원인과 결과, 필연과 우연으로 설명하는 서사구조를 갖기 시작해요. 나아가 지배 권력을 정당화시

그리스 신화 속 최고의 신 제우스.

키는 수단으로 변화하죠. 단군은 하늘의 자손이라든지, 파라오는 태양신의 아들이라면서요. 나아가 자신들의 지배를 좀 더 합리화하고 정당화하기 위해 발전된 교리를 갖게 되고, 지배구조를 고착시키기 위해 종교 제도로 확립시키죠.

그러나 사회가 발달하면서 신화와 종교의 세계관으로 세상을 설명하기엔 한계가 있다는 것을 알게 돼요. 그래서 철학자들은 인간과 인간, 인간과 사회, 인간과 우주 등에 관하여 탐구하게 되죠.

그리하여 철학자들은 인간의 본성이 어떠하며, 그로부터 발생한 이 사회의 현재 모습과 앞으로 진행할 사회의 모습을 체계적이며 설득력 있는 논증으로 펼치게 돼요. 신화는 종교와, 과학은 철학과 같은 의미로 세상을 이해할 수 있게 되었지요.

결론적으로 신화와 철학은 '나'는 누구이며, 이 문제의 '근원'은 어디에 있는가 하는 질문에 대한 대답을 추구한 공통점이 있지만, 이성이 보다 유용한 설명을 제공해줄 수 있다고 믿게 됨으로써 신화가 도태되었다고 할 수 있어요. 하지만 신화와 철학은 어느 한 편의 설명만으로 세계에 대해 완벽하게 설명할 수 없는 만큼 '상호보완적'인 학문이라고 할 수 있어요. 세상에 대한 의문은 그 어떤 학문 하나로 설명하기엔 충분하지 않기 때문이에요.

10장
현대인에게 철학은 왜 필요할까?

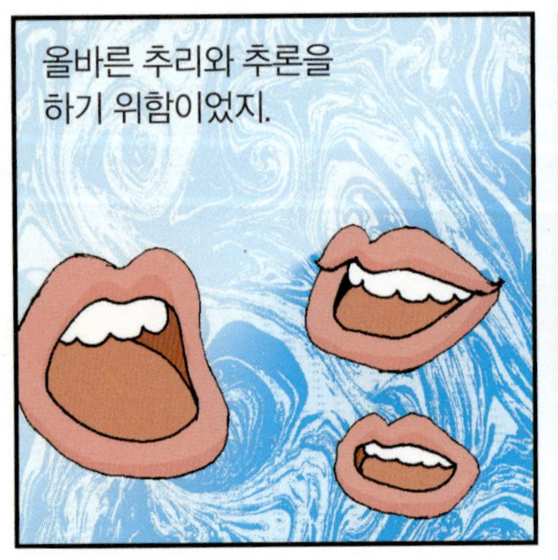

"우리 엄마는 손이 커!"라는 말의 경우는 논리적으로 분명하지 않은 말이었어.

그러므로 논리학은 "존재하는 사물은 언어를 통해서 바르고 정확하게 자신을 나타내고 있는가, 오류는 없는가?"란 질문으로 압축할 수 있어.
論理學

세 번째는 '인식론'이었어. 인식이란 무언가를 아는 것을 말해.
인식

무엇을 알기 위해서는 알려고 하는 '나'와 알려지는 '대상'이 있어서, 이 둘의 접촉으로 인해 '앎'이 형성되지.

인식론은 인간 지식의 원천, 범위, 한계 등을 탐구하며, '나는 무엇을 어떻게 알 수 있는가?'라는 질문으로 나타낼 수 있어.

네 번째는 '윤리학'이야. '윤리'란 사람과 사람 사이에 지켜야 될 원리나 이치를 말해.
倫理學

'무엇을 해야 하는가?' '어떻게 하면 선한 사람이 될 수 있는가?' 하는 문제에 부딪쳤을 때 따라야 할 원리와 규칙들을 탐구해.

윤리학은 '나는 무엇을 해야 하며, 무엇을 바랄 수 있는가?'라는 질문으로 압축할 수 있지.

신학과 철학, 과학은 공통점과 차이점이 있어.

이들 학문의 공통점은 인간의 호기심에서 비롯돼 만들어진 학문이라는 사실이야.

'죽음 뒤의 세상에는 어떤 것들이 있는지, 나는 무엇이며 왜 사는지, 인간은 왜 생로병사를 겪는지' 등등 인간의 궁금증을 나름대로 해결한 게 신학과 철학, 그리고 과학이었어.
성경

신학은 명확한 지식으로 판단할 수 없는 여러 가지 문제에 대한 생각으로 이루어져 있어.

하지만 신이 정말로 존재하는지, 왜 나쁜 사람들이 오히려 더 잘사는지를 명확하게 설명하지 못해.

철학도 마찬가지의 질문을 던져. '왜 무언가가 있는지, 그리고 그 무언가는 어디에서 왜 생겨났는지'를 질문하지.

과학은 신학처럼 전통이나 계시 같은 권위에 호소하지 않고 인간이 이해할 수 있는 설명을 해.

자연을 정복하는 게 아니라,

자연과의 공존이 왜 필요한지를 설명하지.

철학은 신학적 물음을 과학적 해석과 설명으로 풀이하는 특징이 있어서,
신학
과학

이 때문에 철학은 과학과 신학으로부터 공격을 받기도 하지.
신학
과학
철학

왜냐하면 과학은 명확한 지식을 추구하고, 신학은 사실을 초월한 신적인 계시와 예언을 추구하기 때문이야.
철학은 신학과 과학의 중간에 있으면서 그 둘의 특징을 다 갖고 있다고 할 수 있지.

벤자민 플랭클린(Benjamin Franklin, 1706년~1790년)

빌 게이츠(William H. Gates, 1955년~)

쇼펜하우어(Schopenhauer Arthur, 1788년~1860년)

스스로 생각할 능력을 잃어버릴 수 있다는 거지.
하지만 우리는 독서를 통해서 자신을 돌아보고 저자와 다른 생각을 가진 자신도 발견할 수 있어.

우리는 독서를 통해 일종의 '차이'를 발견할 수 있는데,

이 '차이'가 이 세상의 모든 발전과 진보의 씨앗이 되어 왔어.

남들과 다르게 생각할 수 있는 능력은 남들과 다르게 행동할 수 있는 힘이 돼.
탁

책을 읽으면서 우리는 저자가 가진 견해를 찾을 수 있고 그 문제점도 찾을 수 있어.

저자의 입장과 독자의 입장을 생각하면서 읽는 독서는 저자와 대화하는 것이라고 할 수 있지.
인생론

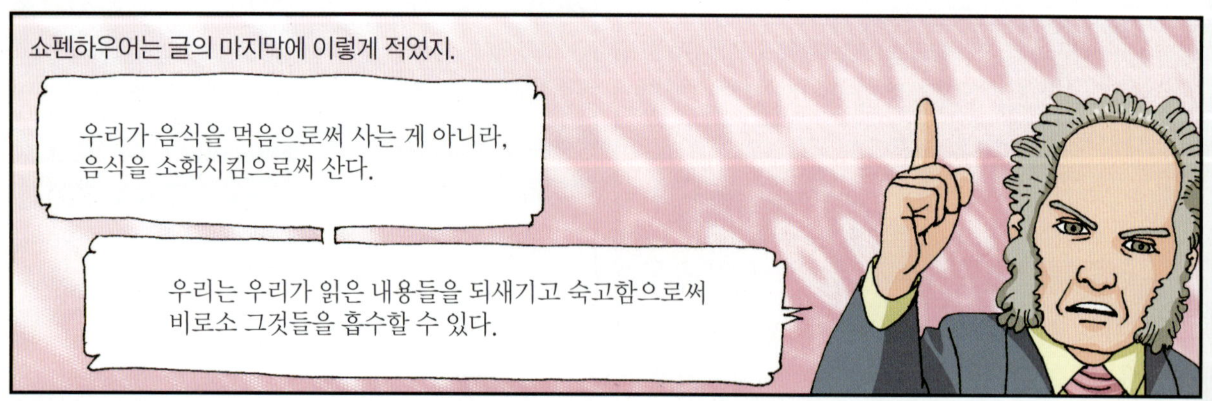

쇼펜하우어는 글의 마지막에 이렇게 적었지.
우리가 음식을 먹음으로써 사는 게 아니라, 음식을 소화시킴으로써 산다.
우리는 우리가 읽은 내용들을 되새기고 숙고함으로써 비로소 그것들을 흡수할 수 있다.

"만일 우리가 항상 독서만 하고 읽은 내용을 깊이 생각하지 않는다면, 그것들은 우리의 정신 속에 뿌리를 내리지 못한다. 따라서 그 대부분은 잊혀지고 만다."
탁

한편 율곡 이이는 이렇게 말했어.
"반드시 한 가지 책을 익히 읽어서 그 안의 참된 이치와 뜻을 모두 깨달아 통달하고 의심이 없게 된 연후에야, 비로소 다른 책을 읽을 일이다."

여러 가지 책을 탐내어 이것저것을 얻으려고 분주히 섭렵해서는 안 된다고 했지.

또 쇼펜하우어는 이렇게 말했어.
"우리는 문학적 특성, 즉 설득력, 풍부한 상상력, 비유의 재능, 대담성, 날카로움, 간결함, 우아함, 표현력, 위트, 대조법, 솔직성 등의 재능을 독서를 통해 얻을 수는 없다."

그러나 우리가 그러한 잠재적 재능을 갖고 있을 경우에는,
독서에 의해 우리의 내부에 있는 그러한 재능을 불러일으킬 수 있으며, 그 재능들을 인식할 수 있게 된다.

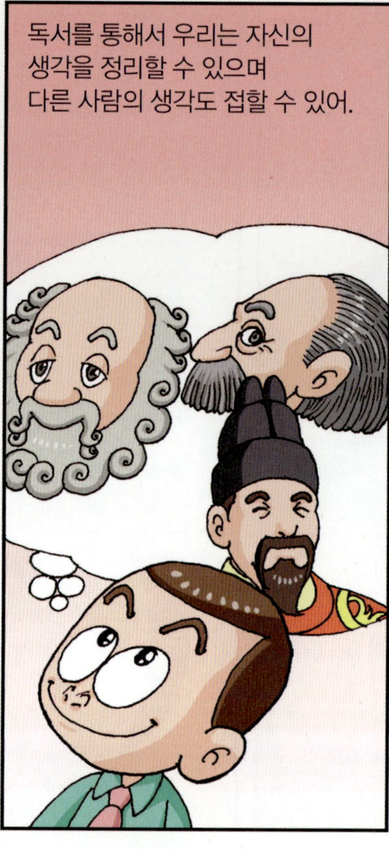

"또한 우리는 독서를 통해 그러한 재능을 사용하고 싶다는 기분뿐만 아니라 용기도 북돋을 수 있다." 라고 말이야.
독서를 통해서 우리는 자신의 생각을 정리할 수 있으며 다른 사람의 생각도 접할 수 있어.

그리고 '작가는 왜 이렇게 생각하지?' 등과 같은 질문을 던지며, 책을 읽고 있는 자신과 끊임없이 이야기를 하게 되지.

이런 면에서 독서하는 그 자체가 철학하는 거라고 할 수 있어.

시대가 변할수록 학문에선 자연과 사회현상을 설명하기 위한 새로운 개념들이 많이 나와.

특히 철학에선 더욱 새로운 개념과 어려운 용어가 나타나고, 우린 그 개념들을 통해 생각하고 생활하지.

개념이란 사물이나 사건이 갖고 있는 공통된 성질을 추상화해서 나타낸 거고,

사람은 철학의 개념을 통해서 세상을 이해하고 해석할 수 있어.

지금까지 나와 함께 한 철학 여행이 어땠니?

이 여행을 통해 철학의 개념들을 이해하고, '왜?'라는 질문과 '그렇구나!'하는 깨달음의 생활을 하는 사람이 되길 바랄게.

자, 나도 이제 내가 살던 시대로 돌아가야겠다. 모두들, 안녕!
바이~!
안녕히 가세요!

무항산무항심
(無恒産無恒心)

『맹자』「양혜왕」편에 '무항산무항심(無恒産無恒心)'이란 말이 나와요. 맹자가 제나라 선왕, 등나라 문공과 대화할 때 나라를 다스리는 방법에 관해 말하는 거지요.

"일정한 생활 근거가 없는 사람은 일정한 마음이 없습니다. 진실로 일정한 마음이 없게 되면 방탕에 빠지거나 편벽(아첨)하게 되고 사악하고 사치하게 되는 등, 못하는 일이 없게 됩니다. 백성들이 죄를 저지른 다음에 따라가서 처벌하는 것은 그물로 새를 잡는 것과 같습니다. 인자한 이가 임금이 되어가지고 백성들을 어찌 그물로 잡는 것 같은 일을 할 수 있겠습니까?"

공자의 사상을 이어받아 발전시킨 맹자.

사람이 빵만으로 사는 것은 아니지만, 빵 없이는 살 수 없는 것이 사람이에요. 공자는 '군사와 경제와 신의 중에서 제일 귀중한 것이 신의'라고 말했지만, 맹자는 오직 선비만이 그렇게 할 수 있다고 이야기했어요. 사람은 생활 근거가 없으면 일정한 마음을 지닐 수 없는 게 일반적이어서 "사흘 굶어 도적질 안 하는 놈 없다."는 속담은 이러한 말을 잘 나타냅니다.

그렇다면 학문적으로 공자의 사상을 이어받은 맹자가 공자와는 다른 의견을 펼친 것일까요?

공자가 살았던 춘추시대와 맹자가 살았던 전국시대의 중국은 국경선이 따로 없었어요. 이 때문에 백성들도 딱히 어느 나라 백성이라고 정해져 있지 않았어요. 다만 어떤 나라의 어떤 왕이 정치를 잘해서 백성들이 잘 먹고 잘 살도록 해주었다고 소문이 나면 그 소문을 듣고 백성들이 몰려들었죠. 그 당시의 국력은 백성들의 숫자로 정해졌는데, 백성들이 많으면 생산력도 커져 부강한 나라가 되었던 거죠. 그래서 공자가 말한 '백성들의 믿음이 제일 중요하다'는 말과 '일정한

생활 근거가 있어야 일정한 마음을 가질 수 있다'는 맹자의 말은 같은 말이라고 할 수 있답니다.

'경제'란 인간의 생활에 필요한 재화나 용역을 생산·분배·소비하는 모든 활동을 말해요. 21세기 미래 사회에서는 생산과 소비 등의 활동이 정보를 통해서 이루어져요. 정보가 곧 돈이고 힘이며 권력이지요. 이 정보를 장악하고 창출하는 개인과 사회, 그리고 민족과 국가에 의해서 세계는 변화할 거예요.

한편 현대는 전문성 시대입니다. 모든 학문들이 갈라졌지만, 그 때문에 오히려 자신의 전공만을 알고 타 학문에 대해서는 바보가 돼 버리는 '전문가의 백치' 현상이 나타나기도 해요. 또한 현대는 따뜻한 인간성에 바탕을 둔 감성지수가 더욱 중요시되는 아이디어의 시대이기도 해요. 아이큐와 감성지수까지 갖춘 인재를 요청하는 사회죠.

이런 이유 때문에 뛰어난 인재 한 명이 수십만 명의 사람을 먹여 살릴 수 있는 시대인 것이고, 그 뛰어난 인재는 감성지수와 도덕지수를 함께 갖춘 인물이어야 하는 것이죠. 그런 리더는 역사와 철학 등 인문학뿐만 아니라, 자연과학의 학문까지도 섭렵한 인재일 수밖에 없겠죠.

21세기에는 융합된 사고, 통합된 지혜에 의한 상상과 창조의 능력이 필요해요. 아인슈타인도 지식보다 상상이 더 큰 힘을 가진다고 했으니까요. 경험한 것만 가지고 지식을 만들어 내던 사회는 퇴보할 수밖에 없죠. 더 큰 부가가치를 생산해 내기 위해 자유로운 상상을 기반으로 한 창조적 생산이 필요한 지금, 이것을 확실하게 이끌어 주는 것이 바로 '철학'임을 명심해야 해요.

융합형 인재를 위한
교과서 넘나들기 핵심 노트

새롭고 창의적인 키워드를 만들어 내기 위해서는 기존의 개념을 잘 이해해야 합니다. 창의적인 것이란 이 세상에 존재하지 않는 것을 만들어 내는 것이 아니라 기존의 것들을 잘 섞고 혼합하여 폭을 넓히면서 만들어지는 것이니까요. 이 책에서 읽은 내용을 바탕으로 창의적인 사고를 펼쳐 볼까요?

먼저 이야기 하나부터 읽고 시작해볼까요?

송나라에 한 농부가 있었다. 그는 논에 벼가 너무 느리게 자라는 것이 답답했다. 어느 날 논으로 달려가 한 포기 한 포기 싹이 자라기 시작하는 모를 쏙쏙 뽑아 올렸다. 집으로 돌아오니 너무 피곤하여 식구들에게 말했다.

"벼가 자라게 도와주느라 오늘은 몹시도 피곤하구나."

아들이 황급히 논으로 달려가 보니 벼는 모두 말라 죽어 있었다.

어떤 일을 부추긴다는 뜻으로 '조장한다'라는 말을 써요. 이 조장은 '조와 기장'이라는 곡물 이름에서 나온 한자어인데, 바로 위의 우화에서 비롯된 말입니다. 정확히는 알묘조장(揠苗助長)이라는 고사에서 온 말이죠. 불필요하게 부추겨 일을 망친다는 뜻이에요.

이런 우화에서 교훈을 얻어 자신의 생활에 적용해 보는 것, 그것이 바로 자신을 돌아보는 '성찰'의 삶이고 철학하는 자세입니다. 조장의 우화는 성급하게 서둘러 일을 망치는 경우가 많다는 것을 알려주고 우리에게 현명하게 기다리는 자세를 갖추라고 가르쳐 주는 거죠. 공부도 비슷하답니다. 한 번 외운 것을 그대로 기억할 수 있는 사람은 많지 않아요. 여러 번 반복해서 익혀야지만 비로소 언제라도 떠올려 이용할 수 있는 살아 있는 지식이 되는 거죠. 마음만 급해서 제대로 이해하지도 못하고 기억하지도 못하면서 머릿속에 자꾸 새로운 걸 집어넣으려고 하다 보면 오히려 아무것도 기억하지 못하는 일이 벌어지겠지요? 이렇게 좋은 가르침을 자신의 생활에 적용해서 깨달음을 얻으면 더 현명하고 훌륭한 삶을 살 수 있겠지요?

그런데 좋은 교훈이라고 해서 항상 들어맞는 것은 아니에요. 그래서 교훈들은 서로 반대되는 이야기를 할 때가 많답니다. '구르는 돌에는 이끼가 끼지 않는다.'라는 속담이 있어요. 이 속담은 서로 반대되는 뜻으로 해석된답니다. 이끼를 나쁜 것으로 보면, "한 곳에 머물지 않고 옮겨 다녀야 나쁜 습관이 들지 않는다."는 뜻으로 "고인 물은 썩는다."는 속담과 비슷하게 이해되죠. 하지만 이끼가 좋은 것이라고 하면, "꾸준히 한 곳에 머물러서 결과를 얻지 못하고 이것저것 뒤지다 보면 남는 게 없다."는 뜻으로 "한 우물을 파라."는 속담과 비슷해요.

영어 공부를 해야 하는데 이 책 저 책 새로운 책을 자꾸 들춰보기만 하고 꾸준히 보지 않는다면 실력이 늘지 않겠죠. 그런 점에서는 한 우물을 파는 게 맞을지도 몰라요. 하지만 반대로 다양한 생각을 접해야 하는 나이에 자기가 좋아하는 책만 계속 반복해서 보면 편견이 굳어져서 창조적인 생각을 못하게 될 수도 있어요.

다시 말해 어떤 교훈이라도 상황과 조건에 따라 들어맞기도 하고 아니기도 하다는 거죠. 가족들과 멀리 떨어져 지내다 보면 "멀리 떨어질수록 그리움도 커진다."고 생각하지만, 친구들과 반이 갈려 자주 만나지 못하게 되면 "보지 못하면 멀어진다."는 게 맞는 말처럼 느껴지는 거니까요.

그러니 한 가지 교훈만 고집하지 말고 다양한 각도에서 세상을 바라보는 훈련이 필요하답니다. 그렇게 궁리하고 생각해 보는 것이 바로 철학하는 자세에요.

그런 의미에서 아주 친숙한 이야기를 뒤집어 생각해 보는 훈련은 어떨까요? 예를 들어, 맛있는 포도를 먹으려다 실패한 여우가 창피함을 감추기 위해 "저 포도는 맛이 없어 보여."라고 변명하는 "여우와 신포도" 이야기가 있죠? 손이 닿지 않는 포도를 먹겠다고 계속 덤비는 게 어리석은 일 아니었을까요? 그런 상황에서 "그래, 저 포도는 맛이 없을 거야."라고 생각하고 손이 닿는 다른 포도를 찾으러 떠나는 여우의 행동이 현명한 것은 아니었을까요? 여러분의 머리로 직접 생각해 보세요.

더 생각해 보기

- 서로 반대되는 교훈을 가진 속담이나 우화를 떠올려 보세요. 그 두 가지의 반대되는 교훈이 모두 옳은 이야기라면 각각 어떤 상황에서 잘 들어맞는지 설명해 보세요.

- 잘 알려진 우화나 동화를 전혀 다른 각도에서 해석해 보세요. 주인공을 다른 사람으로 생각해 본다든가 착한 쪽과 나쁜 쪽을 바꾸어 보는 것이지요. 그렇게 생각하면 어떤 새로운 교훈이 나올까요?

창의적 독서란 책이 주는 정보를 정보 그대로 이해하는 것이 아니라 자기 것으로 만드는 독서를 일컫는 말입니다. 이 책에서 넘나들기를 한 분야 외에 세상의 많은 분야와 정보가 모두 이 책을 중심으로 뻗어나갈 수 있을 것입니다. 이 질문은 여러분들이 창의적인 상상을 할 수 있도록 도와주는 것들입니다. 최선의 답은 있으나 정답이 있는 것은 아닙니다. 책의 내용과 관련지어 다음과 같은 질문들에 간단하게 생각을 해 봅시다.

질문

다음의 대화를 잘 듣고 '사람'을 정의해 보아요.

스승 : 침대는 가구의 일종이니 '잠을 잘 수 있는 가구'라고 할 수 있다. 이렇듯 A가 B에 속할 때 A를 '이러저러한 B'라고 설명하는 것을 정의라고 한다.

제자 : 그렇다면 사람은 어떻게 정의할 수 있습니까?

스승 : 음, 사람은 동물에 속하니, 그래 '두 발로 걷는 동물'이라고 하면 되겠구나.

제자 : 타조나 닭도 두 발로 걷지 않습니까?

스승 : 음, 그럼 '두 발로 걷는 털 없는 동물'이라고 하면 되겠구나.

제자 : 그럼 털을 뽑은 닭도 사람입니까?

스승 : ·······.

힌트!

정의는 '더도 말고 덜도 말고'의 설명이랍니다. 정답을 내 놓는다고 생각하지 말고 위의 대화에서처럼 답이 부족하거나 넘치지 않는지 잘 생각해 보아요.

다음의 논쟁을 벌이는 친구를 어떻게 설득할 수 있을까요?

영희 : 고래는 포유류야. 새끼를 낳아 젖을 먹여 기르거든.

철수 : 고래는 물고기야. 고래고기를 먹는 나라에서는 해산물로 분류한단 말이야.

영희 : 비행정은 하늘을 나니까 비행기지?.

철수 : 물 위에 떠다니니까 배가 아닐까?

※ 비행정: 물 위에서 뜨고 내리는 비행기.

장미꽃밭에서는 무가 잡초지만, 무밭에서는 장미가 잡초랍니다. 다시 말해 '잡초'란 그때그때의 상황에 따라서 가리키는 대상이 달라진다는 거예요. 우리가 쓰는 언어는 이렇게 서로 다른 의미로 쓰일 수 있습니다. 위의 친구들은 어느 한쪽이 옳고 그른 것이 아니라 둘 다 옳은 이야기를 하고 있는 게 아닐까요?

여러분은 비행기를 타고 남쪽 열대의 밀림으로 가게 됐어요. 그런데 그 곳에서 조난을 당해 원주민들과 몇 달 동안 같이 살면서 그들의 말을 배우게 되었어요. TV나 책이 없는 곳이었기 때문에 우리가 알고 있는 많은 것들을 원주민 아이들은 알지 못했어요.

기본적인 말은 통한다고 할 때, 평생 따뜻한 곳에서만 자란 친구에게 '겨울', '눈', '추위'를 어떻게 설명할 수 있을까요?

사실 경험하지 않은 것들을 누군가에게 이해시키는 게 어려운 것처럼 우리 역시 경험하지 못할 것을 이해하는 게 매우 어렵답니다. 하지만 우리는 직접 경험하지 않은 많은 것들을 알고 있어요. 어떻게 그게 가능할까요? 어떻게 서로 다른 경험을 한 친구들이 서로를 이해할 수 있는 걸까요?

이어령의 교과서 넘나들기 철학편

펴낸날	초판 1쇄 2011년 7월 25일
	초판 3쇄 2013년 8월 2일

콘텐츠 크리에이터	이어령
지은이	이수석
그린이	백철
기 획	손영운
펴낸이	심만수
펴낸곳	(주)살림출판사
출판등록	1989년 11월 1일 제9-210호

주소	경기도 파주시 문발동 522-1
전화	031-955-1350 팩스 031-624-1356
홈페이지	http://www.sallimbooks.com
이메일	book@sallimbooks.com

ISBN	978-89-522-1620-5 03100
	978-89-522-1531-4 (세트)

※ 값은 뒤표지에 있습니다.
※ 잘못 만들어진 책은 구입하신 서점에서 바꾸어 드립니다.
※ 본문에 수록된 도판의 저작권에 문제가 있을 시
　저작권자와 추후 협의할 수 있습니다.

책임편집 **장선영**